U0794176

高速铁路牵引供电技术丛书
高等职业教育校企合作系列教材

高速铁路牵引供电接口管理

主编　朱　申　许红健

西南交通大学出版社
·成　都·

图书在版编目（CIP）数据

高速铁路牵引供电接口管理 / 朱申，许红健主编.
—成都：西南交通大学出版社，2019.10
（高速铁路牵引供电技术丛书）
高等职业教育校企合作系列教材
ISBN 978-7-5643-7173-9

Ⅰ. ①高… Ⅱ. ①朱… ②许… Ⅲ. ①高速铁路 – 牵引供电系统 – 接口 – 高等职业教育 – 教材 Ⅳ. ①U238

中国版本图书馆 CIP 数据核字（2019）第 219191 号

高速铁路牵引供电技术丛书
高等职业教育校企合作系列教材

Gaosu Tielu Qianyin Gongdian Jiekou Guanli

高速铁路牵引供电接口管理

主编　朱　申　许红健

责任编辑　黄淑文
封面设计　原谋书装

出版发行　西南交通大学出版社
（四川省成都市金牛区二环路北一段 111 号
西南交通大学创新大厦 21 楼）
邮政编码　610031
发行部电话　028-87600564　028-87600533
网址　http://www.xnjdcbs.com
印刷　四川森林印务有限责任公司

成品尺寸　185 mm × 260 mm
印张　6.5
字数　159 千
版次　2019 年 10 月第 1 版
印次　2019 年 10 月第 1 次
书号　ISBN 978-7-5643-7173-9
定价　32.00 元

课件咨询电话：028-81435775

丛书编委会

总　序

近年来，高速铁路在我国取得了快速的发展。我国高速铁路的发展，特别是我国仅用几年的时间就超过了发达国家几十年高速铁路里程的总和，这进一步证明了我国高速铁路综合技术自身的优越性。在牵引供电系统方面，我国经过多年运营，已经形成自己的标准技术体系，部分领域处于领先地位，但随着高速电气化铁路供电管理标准的提高，对供电设备安全、可靠性也提出了更高要求。如何确保高速度、大规模、大功率、高密度的牵引供电系统高效、安全、可靠性运行，是我国高速铁路快速发展迫切需要解决的问题。随着高速铁路的发展应用，我国在高速铁路供变电技术、弓网关系、综合自动化、供电安全检测监测等关键技术方面已经取得了突出的成果。

高速铁路供电系统作为高速铁路的重要组成部分，其运用、检测、维修和管理技术，是集当今世界先进的计算机网络技术、电力工业技术、新型材料技术、机械工程技术、变电技术等现代科学技术为一体的系统工程。

高速铁路牵引负荷的特殊性和牵引网络的复杂性，给牵引供电系统的服役安全和可靠性带来了新的问题。梳理我国高速铁路的牵引供电基础理论和关键技术，从牵引供电系统的供变电技术、保护监控技术、接触网、供电检测监测等方面，按照学习知识的认知规律，结合现场实践，联合中国铁路西安局集团公司供电部的专业技术人员编写了本套丛书。

本套丛书由雷靠民、滕勇担任总编，由西安铁路职业技术学院的教师和中国铁路西安局集团公司的现场技术人员编写。该套丛书包括《高速铁路牵引供电接口管理》《高速铁路接触网检测技术》《高速铁路牵引变电所》《高速铁路牵引变电所综合自动化系统》《高速铁路接触网》《高速铁路供电规程与规则》六本书。

前　言

随着我国电气化铁路的普及和高速铁路的大范围开通，到2018年底，全国铁路的电气化率达到了67%左右，高铁运营里程达到2.9万公里。随着自动化技术的广泛应用，电气化铁路供电设备运营维修的重要性日益突出，而且牵引供电系统与机务、电务等系统的联系日趋紧密，各专业间的接口技术显得更加重要和突出，接口部分带来的问题越来越多，容易形成事故及运维效率不高，给安全生产埋下隐患。为此，中国铁路西安局集团公司供电部和西安铁路职业技术学院，结合现场需求，组织编写了本书。

本书针对牵引供电设备使用、管理、养护、维修所涉及的供电、工务、电务、机务等内容进行了阐述，从设备维护和系统管理的角度详细介绍了牵引供电和其他专业的接口问题。全书共十章，包括：接口的概念及分类、牵引供电与工务设备接口、牵引供电与信号设备接口、牵引供电与通信设备接口、牵引供电与电力系统接口、牵引供电与机务（车辆系统）接口、牵引供电系统的环境接口、牵引供电与房建的接口、牵引供电与其他专业的接口、牵引供电系统管理。

本书可供供电设备维护人员及运输、工务、电务等部门的管理人员、工程技术人员使用，也可供相关专业的师生作为教材使用。

本书由朱申、许红健主编。其中朱申编写第一、五、六、七章，许红健编写第二、三、四、八、九章，石惠文编写第十章。本书的编写工作得到许多现场同仁的指导和帮助，在此一并表示感谢。

由于编者水平有限，书中难免存在不足之处，恳请读者批评指正。

编　者

2019年6月

目 录

第一章　接口的概念及分类

电气化铁路系统由线桥隧、机车车辆、通信信号、牵引供电、调度指挥等系统组成，各专业之间互相影响，协同工作，共同支撑铁路的安全运行。

第一节　接口概述

接口是指不同子系统之间、系统与外部环境之间在包括系统设计、装备制造、施工、运行维护等在内的系统集成过程中的工作界面上的搭接关系，以及为实现系统既定性能指标而在不同子系统的设施、设备之间的参数、结构和功能配合关系。

从高速铁路系统和外部系统之间的关系角度，可将高速铁路系统的接口分为内部接口和外部接口。牵引供电系统与动车组系统，牵引供电系统与通信信号系统，牵引供电系统与工务系统，牵引供电系统与运输调度系统的接口为内部接口；牵引供电系统与外部电源（公用电力系统），与客户服务系统间的接口为外部接口。同时牵引供电系统内部的供电专业、变电专业、接触网专业之间也存在着接口问题。

从系统接口的内容上可以分为硬接口（物理接口）和软接口（逻辑接口）。物理接口通常指设备之间在电气、机械、规约等方面相互关联、相互衔接的关系，表示设备之间存在着电气、机械上的直接连接，如牵引供电的电力 SCADA（数据采集与监视控制）系统与通信信号的远程通信网的接口；软接口表示设备之间存在功能、参数、软件、规约等方面的匹配，如不同系统间的通信协议。

高铁系统是一个超大型工程系统，各子系统间的接口关系庞大且复杂。根据各子系统的功能，对接口提出了如下的要求：

（1）工务系统是列车运行的基础，它需要动车组车辆具有良好的动力学性能与之匹配，需要其他系统设置于线下基础设备的位置及要求，需要将线路状态及防灾监控相关数据及时反馈给运营调度系统。

（2）动车组需要从运营调度系统获得行车命令；处理好轮轨关系、弓网关系、列控信息传输和旅客服务信息传输。

（3）通信信号系统需要运营调度、动车组、客运服务、牵引供电等提出对传输通道、局域网、广域网、会议电视、视频监控的具体要求，与动车组交换控车数据。

（4）牵引供电系统需要动车组电气特性、受电弓性能参数、行车运输组织资料、通信信号系统供电容量及位置、轨道电路、闭塞分区设置资料，向通信系统提出电力 SCADA 系统通信需求，向工务工程提出接触网基础及连接件预埋要求。

（5）运营调度系统是客运专线运营的核心，应该保证其与其他各系统实时、畅通的联系，即能够及时地得到所需其他系统的信息，也能够及时将本系统的反馈信息传达下去。

（6）旅客服务系统需要从运营调度系统接收运输计划、列车运行状态等信息；需要向运营调度系统传递客运服务状态信息。

第二节　牵引供电系统与其他系统之间的影响

一、电务系统

（1）由于接触网支柱的存在和站场、区间电分段的设立，为防止影响信号显示和感应电伤人，所以进站信号机、高柱出站信号机的位置应进行优化，其外壳也必须接地。

（2）交叉渡线、复式交分道岔需增加两组钢轨绝缘。尽头线无轨道电路的区段应将两根钢轨短路连接。

（3）钢轨间增设牵引连接线，采用“一塞一焊”安全可靠的双套方式，保证牵引电流的流通。各线路间增设横向连接线，确保机车在每处线路上运行都可以畅通回流；区间需通过增设空扼流变压器来实现横向连接。

（4）绝缘钢轨处增设扼流变压器，以使信号电流回路与牵引电流回路分别流通、互不干扰。

（5）轨道电路接收输入端加装抗干扰适配器，相应的 50 Hz 交流连续式轨道电路改为 25 Hz 相敏轨道电路、ZPW-2000A 轨道电路等。

（6）信号电缆的敷设深度、与线路平行距离相应增加，同时各种信号设备增设保护接地。

（7）轨道电路受电端轨道继电器线圈并接防护盒，使之滤掉不平衡干扰电流的工频基波及谐波成分，并保证信号电流衰耗很小。

（8）加装复示继电器，防止轨道继电器的瞬间误动。

二、工务系统

（1）由于线路上接触网支柱对最小侧面限界的要求，接触网与线路垂直和水平距离、对桥隧净空高度须符合有关规定，同时接触网为高压带电体，对工务系统的维修和大修工作提出了新的要求。

（2）平交道口须增设限界门和接触网支柱防护桩。接触网设备的接地极须与钢轨相连，构成设备和人身安全保护措施。

三、机务系统

（1）增设电力机车整备线，装设相应电分段设备和安全作业设备。

（2）10 kV 电力配电线路须做相应的改造和改迁，10 kV 及以下等级架空跨越铁路电力线路改为电缆过轨形式。

（3）低压配电线路和站场照明灯塔线路须做相应改造、改迁。此两条线路与机务专业关系不大。

四、车务系统

车站行车室须增设站场供电分段示意图，用于指导值班员安全正确地进行列车接发和编组及站场装卸作业；车站值班员须掌握接触网停电作业行车限制办法，确保接触网停电作业时电力机车（动车组）不得进入停电区域。

第三节　牵引供电与各部门之间的配合

铁路运输高度集中，各个部门工作环节必须紧密联系和协调动作。电气化铁路牵引供电系统的运行与铁路车、机、工、电、辆及治安、消防等各个部门都有着密切的关系，与铁路附近的厂矿企业、学校、城乡居民区的活动也有一定的联系。

一、与车务部门的关系

车务部门即运输部门，其主要工作是组织行车，做好客、货运运输工作和相关作业，如调车编组、货物装卸等。

电气化区段的行车调度部门，应认真组织行车调度工作，严格按图运行，保证图定的接触网检修“天窗”的兑现，接触网工区应充分利用天窗停电时间，搞好检修作业；并做到按时送电，保证列车运行图按计划实现。

当区间或站内（包括电力机车整备线、装卸货物线、专用线等）接触网停电接地时，不得向该区间或站内接发电力机车及其牵引的列车；司机如发现不符合此规定时，要立即停车和降下受电弓，否则将危及人身及设备安全。接触网工区在区间或站内停电作业时，应严格按照安全规程的要求做好临时接地线，以防上述情况发生时，机车受电弓将高压电带进停电区经过接地线短路，启动牵引变电所继电保护动作，断路器跳闸，中断供电，避免人身及设备事故的发生。

在接触网有电的情况下，在区段站和枢纽进行调车时，禁止调车人员登上棚车（在区间和中间站禁止登上敞车和棚车）行走或使用手制动。敞车、平板车上使用手制动时，不准踏在高于手制动机踏板台的车帮上或货物上，以防触电。

在带电的接触网下，不得在敞车、平车、罐车等车辆（棚车、保温车、家畜车内除外）上进行装卸作业，不准进行用竹竿等物件测量货物装载高度等靠近接触网的作业。装卸货物线均设有分段绝缘器和隔离开关，并设有安全作业标志。装卸作业应由经过供电段考试合格后发给操作证的货运值班人员进行。作业前断开隔离开关，并确认接地刀闸接地状态良好；作业结束后，值班人员确认所有人员已离开危险区域，方准合上隔离开关送电。隔离开关平时要经常处于合闸位置，否则分段绝缘器会因长时间承受高电压而加速老化，并且在气象条件恶劣（如雨雾、风雪等）和环境污染严重的情况下（如装卸石灰、水泥、煤等粉尘物）会发生闪络或击穿。接触网工区平时应按规定对分段绝缘器及隔离开关进行检查维护，以保证状态良好，确保装卸作业安全。同时，在巡视时应注意分段绝缘器的运行状态，发现无装卸作业时，应及时通知车站有关人员合闸送电（尤其是气候恶劣的情况下）。一旦发生管内接触网跳闸，应了解并检查各车站分段绝缘器处的隔离开关是否送电。如果发生绝缘器闪络或击穿，通常可先合上隔离开关，使装卸线的接触网脱离接地，通知车站暂时停止使用后，即可通知供电调度送电，然后安排停电时间进行处理，恢复正常后方准车站进行使用和装卸作业。往货物线、专用线取送车辆时，分断绝缘器的隔离开关应处于合闸位置。《车站行车工作细则》（以下简称《站细》）应对以上要求做出相应规定。

在电气化区段内，禁止押运、随车装卸、通勤通学等人员坐在车顶上或装载的货物上。列车驶近电气化区段前，运转车长和联结员应做好宣传，要进行彻底检查，并将上述人员安置于棚车及安全的车辆里。商检人员应检查货物装载状态，要设法排除超出限界的树枝、棒竿等物件，紧固飘动的篷布，收紧绳索，不要留过长的绳头，关闭油槽车顶上盖等，必要时复测货物装载高度，使之符合规定，接触网工区应做好宣传和配合工作。

此外，利用轨道车作为交通工具的接触网工区，在检修作业或事故抢修时、轨道车进出停车岔线和车站时，都要按规定向车站值班员办理行车手续，避免发生行车事故。

二、与机务部门的关系

1. 机车运用和检修

为了保证机车乘务员的安全，要求在接触网没有停电并接地的情况下，禁止到内燃机车、电力机车的车顶上进行任何作业。在机车可以攀登到车顶的梯子和通往走台板的前门等处，均应明显地涂有“接触网有电，禁止攀登”的警告标语。

电力机车整备应在指定的整备线上进行，整备线装有分段绝缘器和隔离开关，其要求与货物线相同；隔离开关位置往往与信号显示联锁。隔离开关打开时，信号显示红灯，这时，在分段绝缘器外方的电力机车不得升弓进入；否则会因受电弓将分段绝缘器短接，造成机车闯入无电区而跳闸。只有把隔离开关合上后，信号显示白灯，机车才可以升弓进出整备线。

电力机车的受电弓是与接触网运行直接有关的重要部件，状态不良会造成刮网事故，支持绝缘子（包括其他绝缘部件）闪络击穿会造成接触网跳闸停电（机车乘务员称为“顶电”）而影响行车。因此，检修人员应按修程、工艺认真检修；机车出入库，乘务员和行修人员应按规定检查处理。

接触线和受电弓是一对特殊的摩擦偶，两者的物理性能，如弹性、压力、磨耗、相对位置和冲击力以及机电强度等应密切配合。否则，在高电压、强电流和高速运行的情况下容易诱发弓网故障，轻则中断供电，重则导致接触网和受电弓互相破坏，短时间不易恢复，更为甚者造成接触网断线或受电弓刮翻，破坏范围达数百米甚至上千米，严重干扰运输秩序。因此，必须认真对待，开展机供联控，把故障消灭在萌芽状态。

为了避免发生弓网故障，电力机车乘务员在运行中应密切注意前方接触网状态，发现异状应及时采取措施，必要时应降下受电弓，惰行越过，并及时通知车站值班人员、行调、电调或接触网工区，以便接触网工区及时派人到现场检查处理。机车乘务员如发现进入接触网无电区（机车设有失压保护，主断路器会跳闸），应立即停车并降下受电弓，及时与行调或电调取得联系。运行中还应严格按《铁路技术管理规程》有关受电弓的信号标志（“断”电、“合”电、“禁止双弓”、“准备降弓”、“升”弓、“降”弓、“接触网终点”等）要求行车，见有有关人员发出“降弓”“升弓”手信号时，应及时降下、升起受电弓，还要及时鸣笛通知补机司机同步操作。

2. 事故救援

中国铁路总公司《铁路行车事故救援规则》规定：救援列车出动时，“电气化区段接触网工亦需随行”，“接触网工区要根据需要及救援列车主任的要求拆除或拨移影响救援作业的接触网，清除影响作业的障碍物”。

铁道部2000年颁布的《电气化区段行车事故救援补充规定》要求：“救援作业必须拆除接触网时，在满足作业要求的前提下，应选择拆网工作量最小又易恢复的方案。一般情况下拆网范围为发生事故车辆的两端各加 50 m”，并规定，因“接触网线索张力大，截断时危险性大，并将扩大事故范围，延缓事故救援和恢复时间，原则上不允许。必须截断线索时，应经分局长批准。截断线索前必须释放张力，避免伤人及扩大事故范围”。同时，文件还对接触网停送电手续及安全措施、救援作业范围限界、损坏钢轨拆除更换，以及采取临时供电措施（如采用设置无电区、越区供电、降弓运行）等做出了相应规定。

接触网本身发生倒杆断线、严重弓网故障时，接触网工区应迅速出动，本着“先通后固”的原则（复线区段还要求“先易后难、抢通一线”），制定合理的抢修方案，必要时采取设置无电区、越区供电、降弓运行等临时供电措施。

3. 电力作业

在电气化区段，电力工区在与接触网同杆合架或在附近架设的电线路上作业时，防止感应电击人最主要的安全措施是按规定在停电的电线路两端做好（必要时在中间增设）接地封线，或在接触网停电的情况下进行作业。

三、与工务部门的关系

电气化铁路下有钢轨，上有接触网，两者密切相关。工务部门的工作是对线路进行养护，保证行车。在维修作业中要起道、拨道，就会使钢轨与接触网的相对位置发生变化，从而造成机车受电弓与接触网的相对位置发生变化。同时因支柱侧面限界发生变化，有可能影响超限货物的运行。

所以，有关规程规定，供电部门应会同工务部门对接触网设备限界每年检查一次。通常采取所谓“划红线”的办法，即在接触网支柱内侧划一条“红线”，“红线”的位置即表明线路轨面的设计标高（亦称“轨面标准线”），同时在支柱上标出以下数据：支柱侧面限界、接触线距轨面设计高度、设计拉出值、曲线半径和外轨超高，为了调整方便，也可以标上受电弓中心对线路中心的偏移值（外轨超高乘以接触线高度与轨距之比）。工务部门的养路工区就以此红线的位置为依据，按规定进行起道、拨道作业。一般规定起道量不超过 30 mm，拨道量不超过 40 mm，否则应通知接触网工区进行配合，对接触线进行调整，使之符合设计高度及拉出值。调整作业应密切配合、互相协作，以保证行车安全。工务部门未经供电部门同意，起道、拨道超过规定标准，应追究责任。隧道和下承桥的“红线”划在接触网悬接点处的隧道壁上和钢梁构架或栏杆处。每年接触网工区应会同工务养路工区和桥隧工区对“红线”进行复核校对并做好记录，双方签认后存查。铁路局集团公司《行车组织规则》《行车组织细则》应对有关“红线”的管理做出具体规定。

同时，工务部门在抽换轨枕、找小坑、调整轨距和捣固砸实路基道砟时，应保证接触网的接地线和吸上线不受破坏，保持正常连接。必须移设时，应由接触网工或工务部门受过专门训练的人员进行。更换钢轨时，应保证牵引电流回路完整，必要时，用截面面积不小于 70 mm^2 的软铜绞线代替；与钢轨连接方式应根据换轨的具体情况按规定进行，可由工务部门受过专门训练的人员进行，必要时应请供电部门派员配合，以免发生人身及设备事故。

路基两侧的树木除应不影响列车司机瞭望外，倒树应不侵入限界和接触网安全距离。经验告诉我们，高大的白杨树尽管挺直美观，但一旦遇有大风暴雨，极易倒向铁路侧，造成接触网短路，甚至烧断接触线、承力索，修复困难，影响极大。所以在电气化铁路开通前应更换树种，改种不易折断和倾倒的乔木或灌木。供电段和工务段应加强配合，定期检查，修剪侵限树枝，及时砍伐危树，确保安全供电。

道口通路两面应设限界架，其通过高度不得超过 4.5 m。道口两侧不应设置接触网锚柱。

四、与电务部门的关系

《铁路技术管理规程》规定：信号及通信设备应装有防止强电及雷电危害的保安设备，电子设备应符合电磁兼容有关规定。

对于通信设备，主要是检修地下长途通信电缆时，应将电缆金属外皮临时接地，以防接触网的感应电击人。同时，在电缆坑内铺设绝缘垫，保证作业人员对地有良好的绝缘。

应保证牵引供电远动装置的通信通道状态良好、性能可靠。

对于信号设备，则必须保证接触网接地装置（包括地线、吸上线等）与轨道电路的正确连接。轨道电路中的抗流变压器及轨道绝缘节处的牵引连接线不得任意断开，其截面与牵引电流中的轨回流的大小相适应。抗流变压器的连接钣属电务部门，连接钣上的螺丝和吸上线等接地装置属供电部门，接触网工区在检修中，必要时应请电务部门派员配合进行。

通信、信号电缆埋深必须符合规定，以防接触网线索断线落地时，接地电流损伤电缆。

接触网工区在轨道电路区段进行作业时，注意勿使长大金属体（如铁线、抛线、临时接地线、双钩紧线器等）短接两根钢轨，以免信号误动作造成列车事故。

电气化铁路区段的电务电气设备必须有符合要求的接地线保护，必须连接牢固、接触良好。

从业人员上信号机作业前必须确认接地良好，设专人监护，作业时其身体及所持工具必须与接触网带电部分保持 2 m、与回流线保持 1 m 以上的安全距离。在轨道上作业时，必须保证牵引电流的畅通并设好防护。

更换扼流变压器、中心连接钣、轨道电路送电端/受电端的扼流变压器引接线、站内横向连接线等器件时，应按规定采取“两横一纵”的安全防护措施后方准作业，以保证人身安全和牵引电流畅通无阻。

更换轨道电路绝缘时，应在确认扼流变压器连接线和相邻两轨道扼流变压器中心连接线等各部位连接良好后，方准开始作业。

检查轨道电路时，在轨道变压器与扼流变压器连接的低压线圈断开前，禁止切断其高压线圈回路。

整修电缆时，应先确认电缆金属外皮（全塑电缆除外）与电缆屏蔽地线连接牢固、接触良好，同沟内数条电缆金属外皮焊接良好，方准开始作业。

在对电气化铁路区段的通信信号设备进行检查、维修保养或处理故障时，必须按规定使用绝缘、防护用品。雨天严禁上高柱信号机作业。

五、与车辆部门的关系

有关单位必须在能攀登到客货车辆上部的梯子或支架处，涂刷或设置“有电危险，严禁攀登”等明显的警示标志。

处理故障的车辆距接触网不足 2 m 时,必须将车辆移至无接触网的线路上或按规定停电、接地后方准作业。

在接触网未停电、接地时，任何人不得开闭罐车、保温车的注口（盖）或在此处进行作业。

在电气化铁路上安装的红外线测控设备、车号识别设备、车辆运行安全动态检测装置，必须安设符合要求的接地保护并与设备可靠连接。

在有接触网的客车整备线进行客车整备作业时，必须首先切断接触网电源并使接触网可靠接地；作业结束必须确认所有作业人员离开危险区域后，方准向接触网供电；操作隔离开关时要按规定办理手续，严格执行登记、监护、呼唤应答等有关制度。

电动车组在段内或整备所进行整备作业后，司机必须亲自检查确认高压室内、地沟内和车下无作业人员，并与副司机呼唤应答、鸣笛后方可升弓。

六、与施工部门的关系

基建部门和铁路其他施工部门在电气化区段进行施工时，应按铁路总公司有关规定与供电部门签订施工安全协议。

施工作业如果距接触网带电部分不足 2 m，接触网必须停电，并要按照下列规定办理：

（1）施工领导人要向供电调度员提出接触网停电申请书，申请书中应明确指出施工地点、施工所需时间、施工开始时间及作业特点。对于有计划的作业，申请书应于施工前两天提出。

（2）只有在接到供电调度员许可停电施工的命令，并有接触网工区指定的接触网工安设临时接地线之后，方可开始施工。施工时接触网工必须在场监护，在有关电气安全方面，施工领导人必须听从接触网工的指导。

（3）施工结束，接触网工确认所有工作人员都已在安全地点之后，方可拆除临时接地线，并通知供电调度员施工已结束。在拆除临时接地线之后严禁再进行施工。

在距接触网带电部分 2～4 m 的导线、支柱、房顶及其他设施上施工时，接触网可不停电，但须有接触网工或经专门训练的人员在场监护。

须指出，在电气化铁路施工时，轨面标准线（即“红线”）是由施工单位负责标划的，路局工务部门应提供相关数据，开通前供电段和工务段要共同复查确认，以后每年复测一次。

既有线电气化改造施工时，新建接触网沿铁路施工时，要采取有效措施防止行车事故。进行下部工程（如挖坑）时，必须保证路基的稳定和坚固，坑壁要坚固，坑内应有防护板，保证无塌方危险；坑边不得放置重物，工具不得侵入限界；遇到排水沟应做疏通改道排水工作，以免积水影响路基的稳定。进行立杆及上部工程（如架线）时，必须保证接触网所有物件不得侵入限界，尤其是支柱、支柱拉线和接触网线索，一旦被列车挂住，后果不堪设想。

七、与房建作业部门的关系

从业人员检查维修牵引变电所房屋及附属设备前，必须与变电所负责人联系，经其同意登记签认后，方准在变电所专业人员监护下作业。

接触网带电时，不得使用竹竿或长大金属物件等测量接触网与建筑物、构筑物及设备的距离。

在站场施工时，不得将水流向接触网方向喷射。装卸湿粉石灰时，要远离接触网，防止破坏或降低接触网对地绝缘。

手持木杆、梯子等工具在接触网下通过时，必须使其保持水平状态，不得高举超过安全距离。

在修建靠近接触网的建筑物、构筑物或设备时，不得借助铁塔支柱搭设脚手架或借助铁塔支柱上下。

采取接触网上下行分段停电作业时，必须使所有从业人员始终处于接地线的保护范围之内，保护接地线与接触网相连要有足够的接触面积和良好的导电性。

采取接触网上下行分段停电作业时，有关部门和单位必须严格执行工作票制度，分别办理上行和下行的停电工作票。一线作业完毕必须清点人数和地线数，确认无误后销令，再办理另一线路的停电作业命令。

在一线停电、一线有电的情况下，必须使用 35 kV 级的音响验电器验电，不得使用抛线验电法验电。

在接触网停电的线路上作业时，必须设专人监护，作业人员及所持工具、材料、器材等不得侵入未停电的邻线限界。在有电的接触网下穿越线路搬运梯车等长大物件时，必须放倒后移动。

检修接触网时，供电段必须指派专人在车站行车室进行防护，随时监视列车运行状况，按规定将信息及时通知现场作业人员。

有关单位和部门对在接触网分段停电区段作业的人员，要提前进行安全技术培训，经考试合格后方准其上岗作业。相关业务系统单位在施工作业中要加强联系，强化联控，密切配合，有序可控。

八、与路内外其他部门的关系

在电气化铁路附近的厂矿企业、村庄乡镇、学校及公共事业单位的有关人员，应了解电气化铁路的有关安全常识，遵守有关规定，以保证人身安全。除铁路安全部门负责进行经常的宣传教育外，接触网工区也应加强这方面的工作，如告诫有关人员，接触网的各种导线及其连接件通常均带有高压电，因此禁止直接或间接（通过任何物件，如棒条、导线、水流等）与上述设备接触；教育有关人员，让他们知道当接触网绝缘不良时，在支柱、支撑结构及其金属结构上，在回流线与钢轨的连接点上，都可能出现高电压，因此平常应避免与上述部件接触，当接触网绝缘损坏时，禁止与之接触；要向沿线学校的学生进行宣传教育，不要用道砟石块去扔砸绝缘子，以免发生危险；对于偷盗接触网设备器材（如地线、补偿器坠砣块等）的人员要加强教育，对有意破坏者应扭送公安机关，以维护铁路安全。

此外，在运行的列车上发生的盗货行为，如向外掀盗铝锭、钢锭、棉花包及其他笨重物，有可能砸断接触网支柱，进而使列车挂住线索，造成极大破坏，甚至导致列车脱线或颠覆，因此，铁路公安部门要严厉打击。

九、电气化铁路附近消防安全规定

电气化铁路附近发生火灾时，必须立即通知列车调度员、电力调度员或接触网工区值班人员，并遵守下列规定：

（1）用水或一般灭火器浇灭离接触网带电部分不足 4 m 的燃着物体时，接触网必须停电；若使用沙土灭火，距接触网在 2 m 以上者，可不停电。

（2）距接触网超过 4 m 的燃着物体，可以不停电用水浇灭，但必须特别注意使水流不向接触网的方向喷射，并保持水流与带电部分的距离在 2 m 以上。

十、其　他

在距接触网带电部分 5 m 范围内的金属结构物必须接地，以防止感应电。天桥及跨线桥跨越接触网时，与接触网带电部分的最小距离不小于 500 mm，并应按规定设置安全栅网，以防高空掉物或有人抛扔物体损坏或短接接触网，造成事故。

在电气化区段，发现接触网断线及其部件损坏或在接触网上挂有线头、绳索等物，均不准与之接触，要立即通知附近的接触网工区或供电调度派人处理。在接触网检修人员到达之前，应对该处加以防护，任何人员均应距已断导线接地处所 10 m 以外。如接触网已断导线等侵入建筑接近限界危及行李安全，则应根据《铁路技术管理规程》的规定进行防护处理。

第四节　牵引供电与各部门之间的接口分界

一、地方电力公司外电源接口

（一）与配电所外电源接口及分界

1. 与供电公司施工分界

铁路变配电所电源从地方变电站接引 2 路独立电源，一般铁路与地方施工分界在地方变电站围墙外第一基电杆，地方变电站出线间隔及出线电缆属于供电公司施工，围墙外第一基电杆（含）至变配电所电源线路属于铁路施工。

2. 与供电公司产权分界

铁路与地方产权分界在地方变电站出线间隔隔离开关的下端口，下端口以下属于铁路的产权由铁路进行维护。

3. 与供电公司维护分界

铁路与地方维护分界同产权分界，在地方变电站出线间隔隔离开关的下端口，下端口以下属于铁路维护范围。

4. 与供电公司计量分界

供电公司一般以地方变电站铁路间隔出线作为计量点，变配电所计量仅作为与地方计量核对及铁路内部计量付费的参考。

5. 与供电公司接口配合

需要供电公司提供给铁路供电的变电站 10 kV 母线的最大和最小运行方式下的短路数据包括：超瞬态短路电流、0.2 s 短路电流、稳态短路电流、短路冲击电流或短路容量、短路阻抗；电网中性点接地方式及电网系统单相接地电容电流值；供电端的继电保护方式及对铁路受电端的继电保护设置和时限要求。现在有 10 kV、35 kV、110 kV 不同等级的变电站向铁路电力配电所供电。

（二）与牵引所外电源接口及分界

1. 与供电公司施工分界

牵引变电所与电力公司分界在所内进线杆塔的拉环上，电源进线至拉环包括绝缘子、避雷线均由电力公司设置。

2. 与供电公司产权分界

220 kV 牵引变电所围墙外终端杆负荷侧耐张线夹的 1 m 处产权属于用电人铁路部门，终端杆产权属供电人供电公司。目前有 110 kV、220 kV、330 kV 不同等级变电站向牵引变电所供电。

3. 与供电公司维护分界

铁路与地方维护分界同产权分界，220 kV 牵引变电站围墙外终端杆负荷侧耐张线夹的 1 m 处属于用电人铁路部门维护，终端杆属于供电人供电公司维护。

4. 与地调信息传输分界

牵引站内光缆引下线接头盒为分界点，接头盒以上往线路侧，全程光缆由供电公司负责维护；接头盒及以下往牵引站侧，则由铁路部门负责维护。

5. 与供电公司接口配合

（1）牵引变电所所址位置、电源进线架构受力要求、电源进线电流互感器变比、计量要求及采集要求须由电力公司及设计院确认；继电保护配合须与电力设计院协商确定；牵引变电所的命名需要供电公司与业主及铁路局集团公司供电调度共同确认。

（2）关于电力公司要求直采牵引变电所电源进线电压电流值及进线电源开关位置等信息，根据铁路总公司与国家电网公司会议纪要及开通的客运专线经验，由业主和供电公司信息所牵头，设计院供变电、通信专业和电气化、路局调度、通信施工单位配合，与电力公司协商解决。

（3）牵引所内计量及采集、信息直采相关工程由电气化、通信施工单位实施完成。

（4）根据电力公司要求，牵引变电所内设置电能质量监测装置。

（5）根据总公司文件要求，牵引变电所的架空外部供电电源架空线路避雷线应在进所前的杆塔单独接地，不得引入所内进行接地。

二、站前永临电力工程接口

（一）与永临结合线路接口及分界

1. 站前专业

以变配电所内电缆引入桩分界，电缆桩头（不含）以外部分为永临电力工程施工范围。

2. 四电专业

永久线路整改完毕并达到送电条件后由业主组织对永久线路进行复验，验收合格交与四电单位接管。

（二）与永临改造线路接口及分界

1. 站前专业

以线路上目前临时用电高压终端所在的电杆（电缆分支箱）分界，站前负责分界点（含）至地方变电站的电源验收送电。

2. 四电专业

负责分界点至配电所的电源引入直至验收送电。

三、铁路四电用房相关专业接口

（一）与牵引所/亭相关专业接口及分界

1. 动力照明

变电专业：负责交直流屏预留动力、照明配电箱电源接入条件，负责室外照明电缆接引至照明配电箱。

房建专业：负责动力照明配电箱的安装及双电源电缆接引，负责室内动力、照明等配线施工，照明配电箱为室外照明电缆预留接引条件。

2. 通信电源

变电专业：负责通信电源防雷箱的双电源电缆引入。

房建专业：负责电源防雷箱的安装，负责进出电缆预留引入条件。

通信专业：负责给房建专业提供通信电源防雷箱，负责通信电源防雷箱至通信电源柜本体的双电源电缆接引。

3. 防雷接地

变电专业：负责所/亭室外地网敷设，室外电缆沟支架安装及接地线连接，设备室内等电位与室外地网的连接。

房建专业：负责室内等地位连接及槽钢预埋接地焊接。

4. 综合接地

变电专业：负责综合接地端子至牵引所集中接地箱 2 处综合接地的连接。

站前专业：负责牵引所/亭对应位置预留 2 处综合接地端子（桥墩）或综合贯通引下线（护坡引下槽道）。

5. 通信通道

通信专业：负责通信机械室为所/亭综合自动化系统提供远动通道接口。

变电专业：负责通信机械室通信配线架接口至综合自动化系统的网线连接。

6. 防灾系统

变电专业：在需要配置地震防灾设备的牵引所/亭，所/亭交流系统给防灾专业提供来自两段交流母线的两回单相 220 V 交流电源至所/亭内感震室。

防灾专业：由防灾专业提供信号给牵引所/亭综合自动化系统用于报警和切断电源（建议由运营单位确定是否直接切断电源）。

7. 消防系统

消防报审：消防报审由房建专业牵头，变电专业配合。

火灾报警：房建专业负责控制室七氟丙烷气体灭火柜及控制装置的采购和安装，并预留火灾报警系统的控制接口。变电专业负责安全监控烟感、温感采购安装，并负责安全监控屏至七氟丙烷灭火装置的二次配线，房建专业配合。

应急照明：房建专业负责应急照明灯的安装、接线及控制系统。变电专业直流屏为应急照明灯预留电源接入条件，并配合消防系统验收时的强切试验。

消防封堵：房建专业负责四电房屋及围墙进出电缆孔的消防封堵，四电房屋防鼠板安装。变电专业负责柜内及室外电缆管口封堵。

8. 接触网专业

馈线 GIS 柜：变电专业负责所内馈线 GIS 柜下端口电缆附件安装。接触网专业负责馈线 GIS 柜下端口至围墙外隔离开关上网电缆敷设及安装。馈线排列顺序由接触网专业提供资料，与变电专业协商确定。

接触网开关：接触网专业负责提供接触网开关位置及操作电源要求，负责配合站前专业预留接触网开关操作电源电缆、控制光纤的过轨通道。变电专业负责设置远动控制设备及接触网开关当地光纤监控装置（独立安装）、光纤及牵引所附近接触网开关的操作电源电缆。

集中接地箱：变电专业负责在所内设置集中接地箱、集中接地箱内接地电缆的连接、接地箱至牵引变压器及自耦变压器的回流电缆敷设、接地箱接地母排与主接地网电缆敷设、所内 PW 线及钢轨回流及综合接地电缆至集中接地箱的电缆沟设置。接触网专业负责 PW 线、钢轨回流、综合接地电缆至所内集中接地箱接地母排的敷设。

9. 土建基础

房建专业：负责房屋及室外附属工程施工，室外防火墙、集油井、电缆沟的施工，变压器储油池内的排油井至场坪内集油井之间的排油（水）管的敷设，电缆进出围墙及房屋孔洞预留。

变电专业：负责室外设备、架构、支柱的基础施工，提供需求、审核房建图纸并配合房建完成施工。

10. 暖通及给排水

房建专业：负责牵引所控制室空调安装，牵引所/亭设备室轴流风机安装，牵引所生活用水的接引。

变电专业：负责提供设备对环境的要求及值班生活的需求，配合房建专业完成相关施工。

（二）与配电所相关专业接口及分界

1. 动力照明

电力专业：负责交直流屏预留动力、照明配电箱电源接入条件。

房建专业：负责动力照明配电箱的安装及双电源电缆接引。

2. 通信电源

电力专业：负责通信电源防雷箱的双电源电缆接引。

房建专业：负责电源防雷箱的安装。

通信专业：负责给房建专业提供通信电源防雷箱，负责通信电源防雷箱至通信电源柜本体的双电源电缆接引。

3. 防雷接地

房建专业：负责室外地网敷设，室内等电位连接及槽钢预埋接地连接，室外地网与室内等电位连接，室内外电缆支架安装接地施工。

电力专业：负责提供接地需求，审核房建图纸并配合房建完成施工。

4. 综合接地

房建专业：负责综合接地端子至室外地网 2 处综合接地的连接。

站前专业：负责配电所对应位置预留 2 处综合接地端子（桥墩）或综合贯通引下线（护坡引下槽道）。

5. 通信通道

通信专业：负责通信机械室为配电所综合自动化系统提供远动通道接口。

电力专业：负责通信机械室通信配线架接口至综合自动化系统的网线连接。

6. 消防系统

消防报审：消防报审由房建专业牵头，电力专业配合。

火灾报警：房建专业负责控制室七氟丙烷气体灭火柜及控制装置的采购和安装，并预留火灾报警系统的控制接口。电力专业负责安全监控烟感、温感采购安装，并负责安全监控屏至七氟丙烷灭火装置的二次配线，房建专业配合。

应急照明：房建专业负责应急照明灯的安装、接线及控制系统。电力专业直流屏为应急照明灯预留电源接入条件，并配合消防系统验收时的强切试验。

消防封堵：房建专业负责四电房屋及围墙进出电缆孔的消防封堵，四电房屋防鼠板安装。电力专业负责柜内及室外电缆管口封堵。

7. 土建基础

房建专业：负责房屋及室外附属工程施工，室外隔离开关基础及电缆沟的施工，电缆进出围墙及房屋孔洞预留。

变电专业：负责提供需求、审核房建图纸并配合房建完成施工。

8. 暖通及给排水

房建专业：负责配电所控制室空调安装，设备室轴流风机安装。

变电专业：负责提供需求、审核房建图纸并配合房建完成施工。

（三）与基站、中继站相关专业接口及分界

1. 通信用电

电力专业：负责箱式变电所至通信机械室通信总配电箱（不含）的双电源电缆引入。

房建专业：负责通信机械室通信总配电箱（含）至通信电源防雷箱（含）的双电源电缆接入，负责通信总配电箱（含）至动力照明配电箱（含）的双电源电缆接引。

通信专业：负责给房建专业提供通信电源防雷箱，负责通信电源防雷箱至通信电源柜本体的双电源电缆接引。

2. 信号用电

电力专业：负责箱式变电所至信号设备室信号电源防雷箱的双电源电缆引入，负责箱式变电所至信号设备室动力照明配电箱的双电源电缆引入。

房建专业：负责信号设备室动力照明配电箱、信号电源防雷箱的安装。

信号专业：负责给房建专业提供信号电源防雷箱，负责信号电源防雷箱至信号电源柜本体的双电源电缆接引。

3. 岗亭用电

电力专业：区间箱式变电所预留附近岗亭电源接入条件。

房建专业：负责公安岗亭房屋至区间箱式变电所的电缆接引（优选选用太阳能电源），警务区用电建议房建从附近地方电源接引。

4. 防雷接地

房建专业：负责中继站、基站、直放站室外地网敷设，房屋防雷及等电位连接，根据通信、信号需求为通信、信号专业室内提供接地连接条件。

电力专业：负责箱式变电所设置的独立接地并且与室外主地网连接 2 处。

通信专业：负责铁塔接地与地网的 2 处连接，负责室内等电位与设备本体接地的连接。

信号专业：负责室内等电位与设备本体接地的连接。

5. 综合接地

房建专业：负责综合接地端子至室外地网 2 处综合接地的连接。

站前专业：负责中继站、基站、直放站对应位置预留 2 处综合接地端子（桥墩）或综合贯通引下线（护坡引下槽道）。

6. 通信通道

通信专业：负责通信机械室至箱式变电所光纤终端盒（含）的光纤敷设熔接，并且为电力 RTU 预留跳线（尾纤）接入条件。

电力专业：负责配合通信专业完成施工。

7. 土建基础

房建专业：负责房屋及室外附属工程施工，预留进房屋电缆井，电缆进出围墙及房屋孔洞预留。

电力专业：负责完成箱式变电所及电抗器基础施工。

通信专业：负责完成室外通信铁塔基础施工。

（四）与站房、站场相关专业接口及分界

1. 通信电源

四电专业：负责低压馈出柜出线端及以上施工。

站房专业：负责低压馈出柜出线端至通信电源箱（含）的电缆敷设接引。

2. 信号电源

四电专业：负责低压馈出柜出线端及以上施工。

站房专业：负责低压馈出柜出线端至信号电源防雷箱（不含）的电缆敷设接引。

3. 网开关室

四电专业：负责低压馈出柜出线端及以上施工。

站房专业：负责低压馈出柜出线端至网开关控制屏（不含）的电缆敷设接引。

4. 防灾电源

四电专业：负责低压馈出柜出线端及以上施工。

站房专业：负责低压馈出柜出线端至防灾自投自复箱（含）的电缆敷设接引。

5. 信息电源

四电专业：负责低压馈出柜出线端及以上施工。

站房专业：负责低压馈出柜出线端至信息电源箱（含）的电缆敷设接引。

6. 动力照明

四电专业：负责低压馈出柜出线端及以上施工。

站房专业：负责低压馈出柜出线端至动力照明配电箱（含）的电缆敷设接引。

7. 商业广告

四电专业：负责低压馈出柜出线端及以上施工。

站房专业：负责低压馈出柜出线端至商业广告配电箱（含）的电缆敷设接引。

8. 消防电源

四电专业：负责低压馈出柜出线端及以上施工，为站房消防系统预留站房低压柜非消防电源强切接口。

站房专业：负责低压馈出柜出线端至消防配电箱（含）的电缆敷设接引。

9. 公网覆盖

四电专业：负责低压馈出柜出线端及以上施工。

站房专业：负责低压馈出柜出线端至公网覆盖配电箱（含）的电缆敷设接引。

10. 站场照明

站房专业：负责低压馈出柜出线端至站场照明配电箱（含）的电缆敷设接引。

四电专业：负责站场照明配电箱至站场投光灯塔的电缆敷设接引。

11. 道岔融雪

四电专业：负责箱式变电所至信号道岔融雪电源控制柜（不含）的电缆敷设接引。

信号专业：负责信号电源控制柜至道岔融雪装置的电缆敷设接引。

12. 维修工区

四电专业：负责低压馈出柜出线端及以上施工。

站场专业：负责低压馈出柜出线端至配电箱（含）的电缆敷设接引。

13. 防雷接地

四电专业：负责提出接地需求、接地图纸审查、接口检查配合。

站房专业：负责防雷接地、等电位连接、电缆沟、设备预埋件接地。

14. 综合接地

站房专业：负责综合接地线引入室内等电位。

站前专业：负责预留 2 处综合接地端子。

15. 通信通道

通信专业：负责通信机械室为低压所 RTU 提供远动通道接口。

电力专业：负责通信机械室通信配线架接口至低压所 RTU 的网线连接。

四、区间电缆敷设通道相关专业接口

（一）与路基专业接口及分界

路基专业：负责路基段预留电缆井，预留电缆引入点过轨管，电缆井护坡引下过水沟 200 mm。

电力专业：负责过水沟直埋敷设至所亭、变配电所、中继站、基站、直放站围墙。

（二）与桥梁专业接口及分界

桥梁专业：负责为所亭、配电所、中继站、基站、直放站等电缆引下预留锯齿孔及电缆爬架。

电力专业：负责安装电缆钢槽；桥墩下砖砌 2 m 钢槽防护。

（三）与隧道专业接口及分界

隧道专业：负责隧道口及隧道内综合洞室预留过轨管，隧道综合洞室预留接地端子，综合洞室预留箱式变电所基础。

电力专业：负责过轨管检查电缆试穿工作。

隧道照明：当隧道照明电源从隧道洞室的箱式变电所接引时，以箱式变电所低压侧隧道照明回路的开关的下端为分界，以前的部分属四电工程；当隧道照明电源从隧道外箱式变电所接引时，以隧道口的隧道照明开关箱的开关的上端为分界，以前的部分属四电工程。

（四）与站场专业接口及分界

站场专业：负责站台、道岔预留过轨管，站台电缆沟至站房低压所进出电缆管、沟预留。

电力专业：负责预埋管及电缆沟的检查及接口配合工作。

（五）与站房专业接口及分界

站房专业：负责站房低压所电缆沟预留及进出低压所电缆孔洞预留。

电力专业：负责预埋管及电缆沟的检查及接口配合工作。

第二章　牵引供电与工务设备接口

第一节　工务设备简介

高速铁路工务设备主要包括铁路线路、路基、桥涵、隧道、轨道、精测网、声屏障、防护栅栏、防灾疏散救援系统、自然灾害及异物侵限监测系统等。

一、线　路

高速铁路线路平、纵断面在设计时十分重视线路的平顺性，采用较大的平面曲线半径，足够长度的缓和曲线，较长的纵断面坡段长度和较大的竖曲线半径，以提高旅客乘坐舒适度。

（1）曲线半径是高速铁路线路的主要设计标准之一，与铁路运输模式、速度目标值、旅客乘坐舒适度和列车运行平稳度等有关。曲线半径的选用、缓和曲线、夹直线及圆曲线最小长度等，在线路选线定线设计时，均要严格考虑。

（2）由于高速铁路运行时会产生列车风，相邻线路高速列车相向运行所产生的空气压力冲击波易震碎车窗玻璃，使旅客感到不适，甚至影响列车运行的稳定性，所以高速铁路的线间距较普速铁路有所增大。其大小取决于机车车辆幅宽、轨距、风压以及考虑铺设渡线道岔等条件。

（3）线路纵断面主要包括最大坡度、坡段长度、坡段间的连接、竖曲线与竖曲线、缓和曲线、圆曲线和道岔重叠设置等内容。

线路的最大坡度与设计线的输送能力、牵引质量、工程数量和运营质量等关系密切，有时甚至影响线路走向。

二、路　基

路基是轨道的基础，也叫线路下部结构。高速铁路路基的地基处理、路堤填筑、边坡支挡防护以及排水等必须具有足够的强度、稳定性和耐久性，使之能抵抗列车荷载作用和各种自然因素的影响，确保列车高速、安全和平稳运行。

（1）高速铁路路基面形状为三角形，并设有由路基面中心向两侧呈 4%的横向排水坡。曲线加宽时，仍应保持路基面的三角形形状。

（2）路肩宽度应同时满足立设接触网支柱、安放通信信号设备、埋设必要的线路标志、通行养路机具等要求。

路基面宽度和布置形式要考虑路基稳定的需要、线间距、轨道结构形式、曲线超高设置、路肩宽度、通信信号和电力电缆布置、接触网立柱基础位置、声屏障基础等因素的影响，并应综合考虑路基防排水问题。

（3）我国高速铁路有砟轨道基床由表层和底层组成，表层厚度为 0.7 m，底层厚度为 2.3 m，总厚度为 3.0 m。无砟轨道路基表层厚度与无砟轨道的混凝土支承层或混凝土底座的总厚度不小于 0.7 m，底层厚度为 2.3 m。混凝土支承层或混凝土底座以外的路基面应设防排水层。

（4）高速铁路路堤一般均采用较好的填料，路堤边坡坡度根据路堤填料、路堤高度、基底地质条件、水文气候条件等因素综合确定。

三、桥　涵

桥梁是铁路线上的主要承重结构，高速铁路桥梁长度占全线很大比例。桥梁结构、桥面布置应满足轨道类型、桥面设施的设置及养护维修的要求。

按照不同的用途，高速铁路桥梁可分为高架桥、谷架桥、跨越河流的一般桥梁等。

桥涵设置应满足铁路系统排水的要求，做好与自然水系、地方排灌系统的衔接，不宜改变天然排水系统。

四、隧　道

高速铁路隧道受列车进入隧道引起的瞬变压力、微压波、行车阻力等列车空气动力学效应影响，对隧道横断面提出更高要求。隧道断面不仅要满足空气动力学特性的要求，还要满足在隧道内列车高速安全运行的要求，以及救援通道、工程技术作业及通风、照明、通信等设施的空间要求。

隧道衬砌轮廓一般采用圆形断面，边墙与仰拱应圆顺连接。我国《高速铁路设计规范》中规定，矿山法施工的隧道应采用复合式衬砌，明挖隧道应采用整体式衬砌，同时对混凝土强度等级提出了明确规定。

双线铁路隧道设置双侧水沟和中心水沟，并相互连通。隧道衬砌背后设置与双侧排水沟连通的环、纵向排水盲管。隧道衬砌结构的施工缝、变形缝按一级防水要求采取可靠的防水措施。

各专业设施在隧道内的布置应综合考虑、统筹布置。隧道与相关专业的接口应有良好的过渡和衔接。

五、轨　道

高速铁路对轨道高平顺性要求十分严格，主要体现在钢轨的原始平直度、焊缝的几何尺寸、道岔区的接头，轨道的高低、轨向、水平、扭曲和轨距偏差等方面。为保障高速行车的平稳、安全和舒适，必须严格控制轨道的平顺性。

轨道结构主要包括有砟轨道和无砟轨道。

我国有砟轨道轨枕全部采用混凝土轨枕，轨枕间距按 60 cm 等间距均匀布置，采用跨区间无缝线路。

无砟轨道是以混凝土或沥青混合料等取代散粒道砟道床而组成的轨道结构形式，具有轨道平顺性高、刚度均匀性好、轨道几何形位能持久保持、维修工作量显著减少等特点，在我国高速铁路被广泛采用。我国无砟轨道主要有桥上长枕埋入式、桥上板式、弹性支承块式等结构形式。

钢轨是轨道的主要结构之一，其内在质量、材质性能、断面公差、平直程度等都是十分重要的特性。钢轨在技术上要能够保证足够的强度、韧性、耐磨性、稳定性和平顺性，在经济上要能保证合理的大修周期，减少养护维修工作量。

高速道岔在平纵断面、构造方面采用了一系列加强措施，我国高速铁路主要研制并采用了 60 kg/m 轨的 18 号、38 号和 41 号道岔。

跨区间无缝线路是指轨条长度跨区间且车站正线采用无缝道岔的线路；区间无缝线路是指区间长轨条与道岔之间不直接焊接或胶接，通过缓冲轨或钢轨伸缩调节器与道岔相连。

六、精测网

高速铁路应建立勘察设计、工程施工和运营维护“三网合一”的精密测量控制网（简称精测网）。精测网由平面控制网和高程控制网组成。

平面控制网在框架平面控制网（CP0）的基础上分三级布设。第一级为基础平面控制网（CPⅠ），主要为线路平面控制网测量提供起闭基准；第二级为线路平面控制网（CPⅡ），主要为线路测量和轨道控制网测量提供起闭基准；第三级为轨道控制网（CPⅢ），主要为轨道铺设和运营维护提供控制基准。

高程控制网分两级布设，第一级为线路水准基点控制网，第二级为轨道控制网（CPⅢ），主要为铁路工程勘测设计、施工和运营维护提供高程基准。

精测网复测应使用精密度高的仪器设备，采用符合要求的技术，复测单位应具备精密工程测量资质，确保测量数据准确、真实、可靠。

七、声屏障、防护栅栏、防鸟网

1. 声屏障

声屏障是线路两侧用以降低列车运行噪声对声环境产生影响的重要设施，新建高速铁路声屏障应与主体工程同时设计、同时施工、同时投入使用。

声屏障的安设必须符合高速铁路建筑限界的规定，安装质量和结构强度必须保证运营安全，并满足铁路设施检修和维护的要求，不得影响其他行车设备（设施）的安全使用。

声屏障主要有插板式声屏障、混凝土整体式声屏障、T 形梁钢支架人行道上采用焊接方式安设的声屏障等形式。声屏障的综合接地、金属构件和螺栓防腐处理等应满足设计要求。

2. 防护栅栏

防护栅栏是高速铁路行车安全的重要防护设施，应与主体工程同步设计、同步施工、同步验收、同步投入使用。

路基、涵洞地段线路两侧和隧道进出口应设置“线路防护栅栏”；桥梁地段（水中桥梁及山区沟壑峡谷桥梁除外）桥下应设置防护栅栏，当旱桥墩高小于 3 m 时应设置与路基地段相同的“线路防护栅栏”，当旱桥墩高大于等于 3 m 时应设置“桥下防护栅栏”。

3. 防鸟网

为了环境保护的需要，防止和保护珍稀鸟类被列车碰撞，在高速铁路两侧安装一定高度的防护网，减少或防止鸟类动物进入线路。

八、防灾疏散救援系统、自然灾害及异物侵限监测系统

1. 防灾疏散救援系统

隧道防灾疏散救援系统是在铁路隧道内专门设置的，发生列车火灾等事故时，保障人员疏散救援安全的重要设施设备。由疏散救援设施、防灾通风系统、水消防系统、应急照明、应急通信、应急供电、防灾救援设备监控系统等设备设施组成。

疏散救援设施包括横通道及平行导坑、疏散通道、紧急出口、避难所、紧急救援站及防护门（不含设备洞室防护门）、安全扶手、疏散导向标线、列车停车标线等设施。

防灾通风系统包括风机、风阀、相关电气及控制设备、通风机房、通风井及风道等。

紧急救援站设置的水消防系统主要包括消火栓灭火系统、消防水池（箱）、消防泵等设施。

应急照明包括隧道及其横通道的应急照明、疏散照明、相应标志灯等。

应急通信主要包括通信光电缆、应急电话和应急广播、视频采集等设施。

应急供电包括应急供电设备及相关供电电缆等。

隧道内的防灾救援设备监控系统由监控主站（机）、主控制器、就地控制器（远程站）、集中监控盘等全部或部分设备组成，对隧道内通风、照明、消防泵等设备进行监控。

桥长超过 3 km 时，应结合地面道路条件，每隔 3 km（单侧 6 km）左右，在线路两侧交错设置一处可上下桥的救援疏散通道。

2. 自然灾害及异物侵限监测系统

灾害监控系统对高速铁路沿线风、雨、雪、地震及上跨铁路的道路桥梁的异物侵限进行实时监测，为调度指挥及维修管理提供报警、预警信息，有效防止或减少灾害对高速铁路列车运行安全的影响。

灾害监测系统采用铁路局中心系统、现场监测设备两级架构。铁路局中心系统由信息处理平台、监测终端、复视终端、网络设备、网络安全设备、时间同步设备及其软件组成；现场监测设备由监控单元及现场采集设备组成。

信息处理平台主要包括数据库服务器、应用及通信服务器、接口服务器、存储系统、维护管理服务器及短信服务器等设备。

监测终端主要设置于铁路局调度所高铁列车、综合设施、供电等调度台及相关设备维护管理等。

监控单元由监控主机，风、雨、雪、地震、异物侵限监测模块及接口继电器组合等组成，一般设置于铁路沿线的灾害监测系统机房内。

现场采集设备由风速风向现场采集设备、雨量现场采集设备、雪深现场采集设备、地震现场采集设备、异物侵限现场采集设备等组成，实时采集现场风速风向、雨量、雪深、地震及异物侵限传感器的数据并发送至监控单元。

第二节　牵引供电与工务设备接口关系

牵引供电与工务设备之间的接口关系十分密切，主要表现在设备安装位置预留并相互影响。线路选择时要兼顾接触网分相及供电能力，路基、隧道、桥涵上均要为接触网设备安装预留位置，轨道数据与接触网几何参数息息相关，精测网、声屏障、防鸟网等设备布置要不影响接触网设备安全运行，接触网应综合考虑防灾监控设施的合设要求。

一、线路与牵引供电接口关系

线路最大设计坡度的坡段长度应进行行车检算。接触网电分相不宜设置在连续大坡道、变坡点、大电流及出站加速区段。

牵引变电所/亭分布应按本线设计速度的动车组以行车组织确定的列车编组和追踪运行间隔进行设计，统筹考虑线路走向，确定合适位置。

二、路基、隧道、桥涵、站场与牵引供电接口关系

沿线桥梁、路基、跨线构筑物、无砟轨道、站房、站台、雨棚、接触网预留基础等建（构）筑物应设计电气化闪络保护等电位措施，综合接地系统应考虑电力牵引供电接地及防雷纳入的接口设计。

路基、桥梁、隧道、车站等应设计电气化专用的电缆敷设通道设施，如电缆沟、过轨管槽、电缆桥架、电缆隧道等。

1. 路　基

路基应考虑接触网预留基础对路基的影响、预留基础位置与电缆沟槽间的匹配布置、综合接地在路基上设置与预埋等接口设计。

路基地段贯通地线应设置于电缆槽下方，电缆槽有关接地端子设置应满足综合接地要求。

电缆槽宜设置于接触网支柱外侧路肩上，并应注意与桥梁、隧道及电缆井在平面及高程上的平顺连接。

相关设置见图 2-1 ~ 图 2-6。

图 2-1　路基区段电缆槽安装

图 2-2　电缆槽与电缆井连接

图 2-3　现场过电缆沟处排水管

图 2-4　电缆沟排水

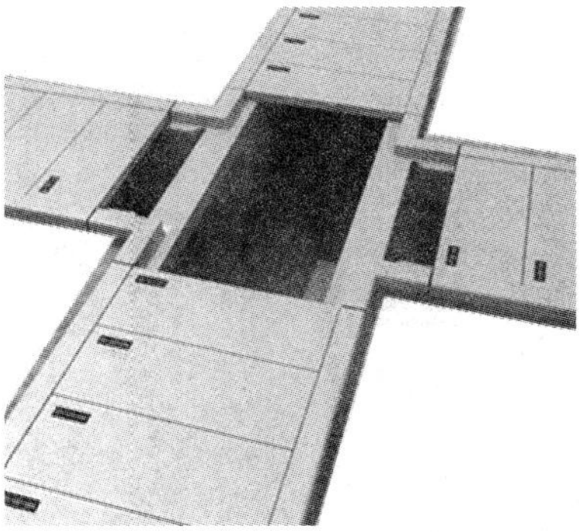

图 2-5　电缆槽盖板安装

图 2-6　电缆在拐弯处的敷设

2. 隧　道

隧道应考虑接触网安装预埋件及其布置、隧道内综合接地（电力牵引供电部分）设置与预留、隧道内锚段关节及关节洞、下锚洞设置与预留、隧道内接触网设备安装洞预留、沟槽管洞预留等接口设计。如图 2-7 ~ 图 2-13 所示。

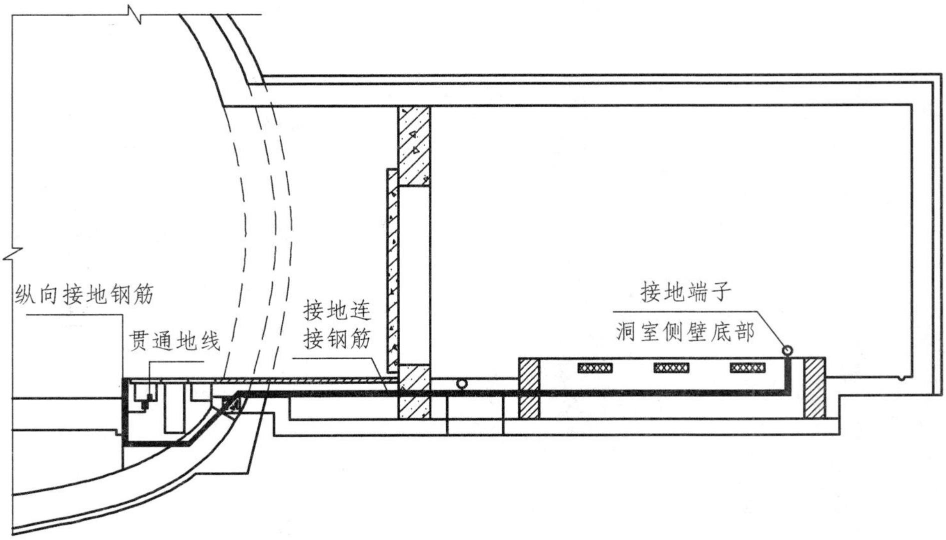

图 2-7　隧道内的钢筋及接地端子布设示意图

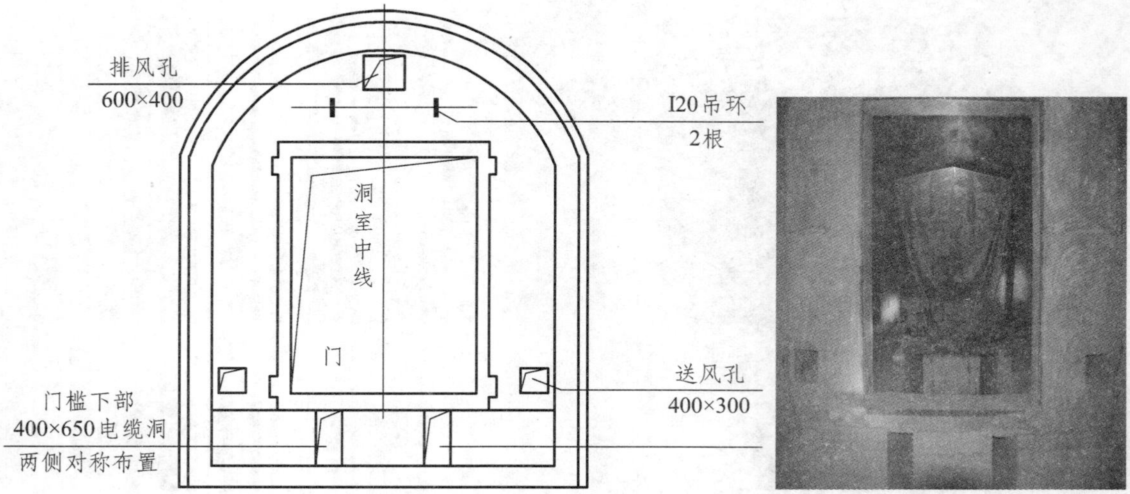

图 2-8　隧道内洞室门、通风布设示意图

图 2-9　电缆沿隧道壁敷设

图 2-10　隧道内预留设备洞室

图 2-11　隧道壁预留综合接地端子

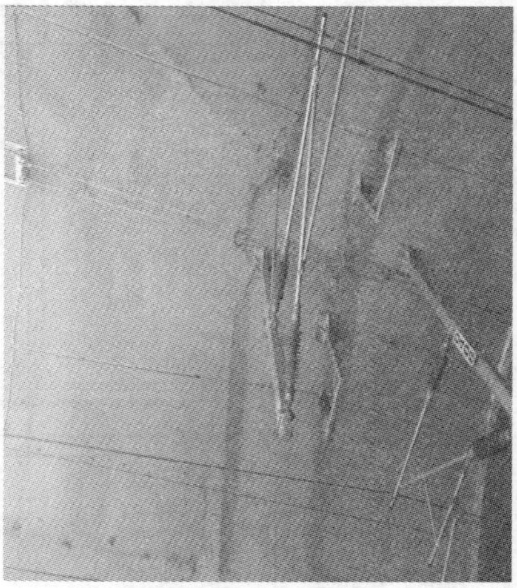

图 2-12　隧道顶部预留综合接地端子

图 2-13　隧道顶部预留供电设备安装槽道

隧道内可根据接触网设计要求设置下锚区段。下锚区段宜布置在地质条件较好的地段。隧道内接触网固定结构采用预埋滑槽时，隧道衬砌结构应采取必要的构造措施。

隧道衬砌结构应按照有关专业要求预埋综合接地设施。

隧道内的设备专用洞室应根据相关专业要求设置。

3. 桥　涵

桥梁应考虑接触网支柱基础预留、下锚拉线基础预留、桥梁综合接地（电力牵引供电部分）设置与预埋、接触网特殊桥支柱、沟槽管洞预留等接口设计，跨线建筑物的净空设计应满足接触网设置要求。

桥面应为接触网支柱、电缆槽等有关设施的安装预留位置。接触网支柱在桥上的位置应根据接触网的技术要求和曲线内侧限界加宽要求确定。接触网支柱设置在桥面上时，不宜设在桥跨跨中。

桥梁设计应预留设置电缆槽道、电缆上下桥设备、接触网支柱、接地装置等设施的条件。

相关设置如图 2-14 ~ 图 2-16 所示。

图 2-14　桥面上预留接触网支柱基础

图 2-15　电缆槽支架固定

图 2-16　电缆槽安装

4. 站　场

站场、车站建筑需考虑接触网立柱对线间距的影响、站场接触网支柱基础及其平面布置、站台雨棚合架、雨棚与高架站房的综合接地（电力牵引供电部分）设置与预埋、反向行车时车站八字渡线、单渡线与接触网匹配设置等接口设计。风雨棚结构形式设计时，应考虑寒冷地区棚顶冬季融雪对接触网绝缘设备的影响。

站场范围的柱、网及综合管线布局应系统设计、综合考虑，并与站场布置相协调。

站场内基础为金属结构的车站站台面、雨棚、栅栏等应接入综合贯通地线。

相关设置如图 2-17 ~ 图 2-19 所示。

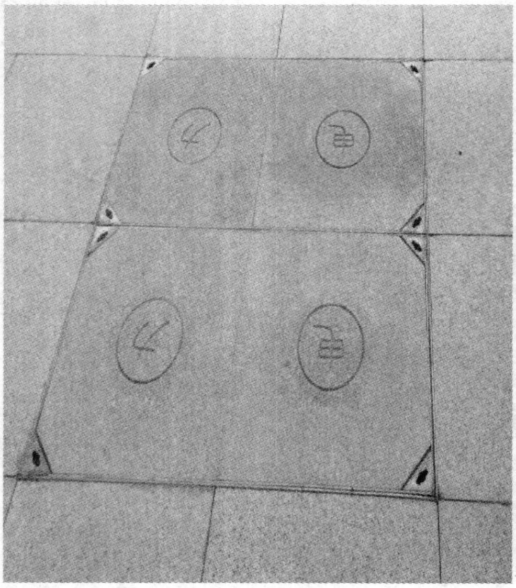

图 2-17　站台面电缆井盖板

图 2-18　站台铺装完成面

图 2-19　站场股道间接触网支柱布置

三、轨道与牵引供电接口关系

轨道结构设计应满足轨道电路相关技术要求。信号、供电等相关专业应明确线路、道岔钢轨钻孔位置及数量。

接触线位置以钢轨为基准进行测量和确定，其几何参数应满足动车组（机车）受电弓安全运行需要。

在接触网支柱内缘或隧道边墙标出线路的轨面标准线，供电、工务单位要共同复查确认，有砟轨道每年复测一次，复测结果与原轨面标准线误差不得大于 ± 30 mm。

四、精测网、声屏障、防鸟网等与牵引供电接口关系

精测网、声屏障、防鸟网的设置不应影响接触网补偿装置的正常工作，遇有接触网补偿装置、开关设备安装时应做特殊处理。

相关设置如图 2-20 ~ 图 2-23 所示。

图 2-20　声屏障在下锚处特殊处理

图 2-21　声屏障影响开关设备安装

图 2-22　CPⅢ 桩影响承力索 b 值

图 2-23　声屏障与防鸟网

五、防灾监控设施与牵引供电接口关系

接触网应综合考虑防灾监控设施与接触网设施的合设要求。

供电部门负责监控单元端子排（不含）至牵引变电系统之间的电缆。工务部门负责现场采集设备，负责监测维护终端。

六、其他接口关系

高速铁路的公里标、半公里标设在一条线路自起点计算每一整公里、半公里处，在有接触网支柱的地段设置在距实际位置最近的接触网支柱上，如图 2-24 所示。

图 2-24　安装在接触网支柱上的公里标、半公里标

第三章　牵引供电与信号设备接口

第一节　信号设备简介

高速铁路信号设备包括计算机联锁系统（CBL）、列车运行控制系统（CTCS）、调度集中系统（CTC）、信号集中监测系统（CSM）及相关检测、监测系统等。

一、计算机联锁系统

联锁是指通过技术方法，使信号、道岔和进路必须按照一定程序并满足一定条件，才能动作或建立起来的相互关系。信号设备机械强度和电气特性是保证联锁关系正确的基本条件。高速铁路均采用计算机联锁系统。

联锁设备维护管理工作主要包括：日常联锁管理、工程验交联锁管理、联锁关系（电路）变更以及科研项目试验的联锁管理等。

计算机联锁系统应具备与其他相关系统的接口能力，其中通过联锁机进行连接的属于安全接口，如联锁系统与列控中心、无线闭塞中心、相邻联锁系统；通过操作显示机、电务维修机连接的属于非安全接口，如联锁系统与 CTC/TDCS、信号集中监测、编组站综合自动化、STP 等。

二、列车运行控制系统

CTCS-2/3 级列控设备是铁路运输的重要行车设备，是保证行车安全、提高运输效率、实现列车运行控制现代化的主要技术装备。CTCS-2 级列控系统基于轨道电路和点式应答器传输行车许可信息，采用目标距离连续速度控制模式监控列车运行。CTCS-3 级列控系统基于 GSM-R 无线通信实现车-地信息双向传输，无线闭塞中心生成行车许可，轨道电路实现列车占用检查，应答器实现列车定位，并具备 CTCS-2 级功能。

列控地面设备由无线闭塞中心（RBC）、临时限速服务器（TSRS）、列控中心（TCC、含 LEU）、应答器、信号安全数据网、GSM-R 通信接口设备等组成。

列控车载设备主要部件包括主机、人机界面单元（DMI）、应答器信息接收单元（BTM）及天线、轨道电路信息读取单元（TCR）及天线、司法/数据记录单元（JRU/DRU）、列车接口管理单元、速度传感器（含雷达天线）、无线传输单元及 GSM-R 天线、相关电缆及接线盒、列控设备动态监测装置（DMS）等。

列控数据由列控基础数据、列控工程数据表、列控设备配置数据（含报文）等组成。牵引供电类列控数据包括正、反向运行分相区断电标志牌公里标。

三、调度集中系统

CTC 是全路各级调度指挥的基础装备，是重要的行车设备，由铁路总公司、铁路集团公司、车站三级构成，综合了铁路信号、计算机、网络通信和现代控制技术，具有点多线长、布局成网、分散维护和集中管理的特点。

主要包括系统核心服务器、磁盘阵列、核心路由器、核心交换机、车站自律机、车站综合处理机、电源、网络安全设备、数据库和系统核心软件等。

四、信号集中监测系统及相关检测、监测系统

信号集中监测系统、道岔缺口监测、动力与环境监控系统、DMS、安全数据网管、视频监控等系统是监测信号设备运用状态的必要设备。

第二节　牵引供电与信号设备接口关系

牵引供电与信号设备之间的接口关系主要包括接触网电分相、综合接地、轨道电路、信号机位置、信号标志牌设置、车载信号设备等接口。

一、接触网电分相位置接口关系

接触网专业将电分相处正、反向运行分相区断电标志牌公里标提供给信号专业，配置列控数据信息。

采用应答器提供过分相信息时，信号专业应根据电力牵引供电专业提供的分相区断电标位置设置自动过分相应答器。

接触网电分相的设置应经过列车过分相能力检算而确定，不宜设置在连续大坡道、变坡点、大电流及出站加速区段，列车过分相断电区距最近信号机不宜小于 550 m。

结合现场布置，必要时调整接触网电分相位置。

二、综合接地系统接口关系

高速铁路中，沿线埋设贯通地线，实施综合接地方式，沿线信号、通信设备与供电系统采用统一接地系统。

综合接地系统应遵循等电位连接的原则，综合接地系统的接地电阻不应大于 1 Ω。

（1）接触网支柱与综合接地系统等电位连接。

接触网支柱及距接触网带电部分 5 m 范围以内的金属结构物和电气设备应纳入综合接地系统。

路基区段接触网支柱基础侧面应预制接地端子，并通过接地线直接与贯通地线连接，接地端子应与接触网支柱基础内接地的结构钢筋焊接。

桥梁上的接触网支柱基础内的钢构件应与桥梁接地钢筋连接。

隧道、明洞内的接触网预埋件应与隧道、明洞接地钢筋连接。

相关设置如图 3-1 ~ 图 3-6 所示。

图 3-1　贯通地线敷设

图 3-2　分支引接线预留

图 3-3　分支引接线连接

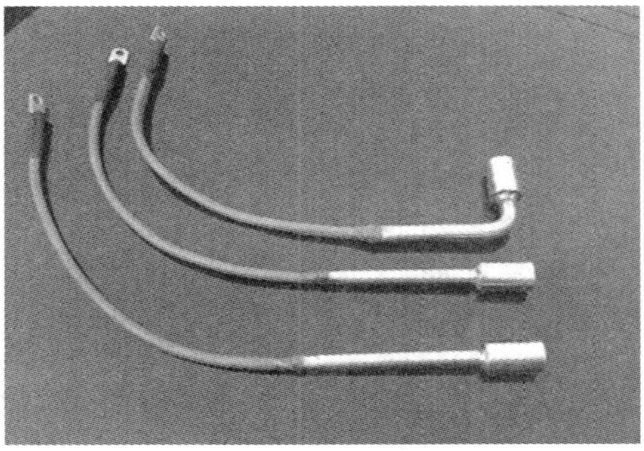

图 3-4　路基型接地端子

图 3-5　扁钢与接触网基础相连

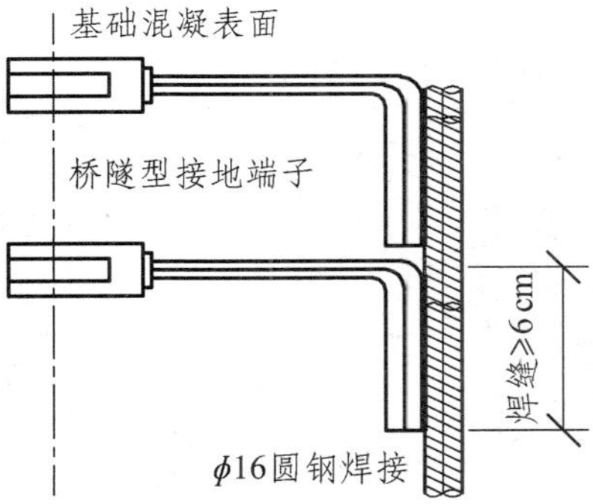

图 3-6　接触网基础预留端子焊接示意

（2）牵引变电所、开闭所、自耦变压器所和分区所均应单独设置接地装置，与综合接地系统等电位连接应符合有关技术标准的规定。

（3）牵引网中单独设置的防雷接地体（极）在贯通地线上的接入点与其他设备在贯通地线上的接入点间距不应小于 15 m。

三、轨道电路接口关系

牵引供电专业应向电务专业提供贯通地线最大牵引回流值及最大短路电流值；轨道电路扼流变压器类型、规格应符合牵引供电方式及牵引电流的要求。吸上线及轨道电路完全横向连接设置应与电力牵引供电协调设计。

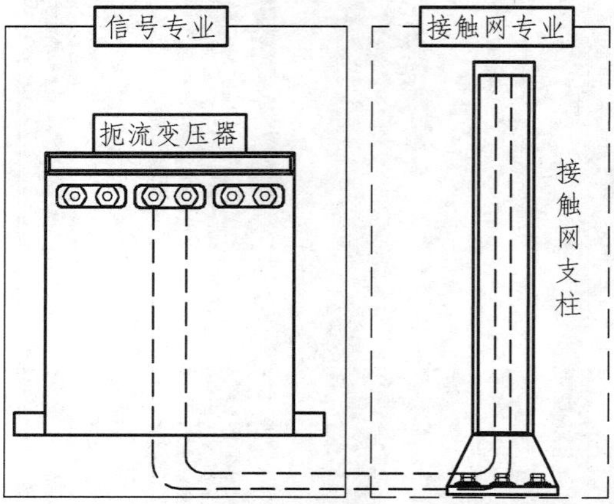

图 3-7　吸上线、扼流变压器连接示意图

贯通地线与完全横向连接线连接点、保护线或回流线的引下线与扼流变压器或空芯线圈中性点连接点宜在同一位置。

车站的扼流变压器、横向连接线及吸上线的设置应符合回流畅通的要求。在保证轨道电路正常工作的情况下，在绝缘结处应采用扼流变压器中间连接板的方式沟通牵引回流。尽量减少钢轨牵引回流的切断点，钢轨牵引回流切断点应设置在钢轨回流较小的位置。

具体如图 3-7 和图 3-8 所示。

图 3-8　吸上线与扼流变压器安装

四、接触网与信号机、信号标志牌位置接口关系

（1）高柱信号机位置设置应与接触网设备位置协调，确保信号机显示距离及信号机上方的信号机构外缘与接触网带电部分的距离不小于规定的要求。如图 3-9 所示。

图 3-9　接触网设备与信号机位置

进站信号机及区间闭塞分区分界点应与接触网支柱位置、电分相设置统筹考虑。

接触网应综合考虑接触网关节位置对信号机设置的要求。

（2）桥梁及路基地段的区间信号标志牌应结合接触网支柱里程统筹设置。如图 3-10 和图 3-11 所示。

图 3-10　区间信号标志牌

图 3-11　级间转换标

五、车载信号设备接口关系

接触网作业车上配置的车载信号设备（BTM、LBJ），供电部门负责日常使用，电务部门负责配备、维护。

第四章　牵引供电与通信设备接口

第一节　通信设备简介

铁路通信设备包括通信线路、传输网、接入网、时钟及时间同步、数据通信、电话交换、调度通信、会议通信、电报通信、应急通信、广播与站场通信、综合视频监控、列车无线调度通信、数字移动通信（GSM-R）、通信电源、监控监测系统等。

一、通信线路

1. 通信线路的组成

通信线路包括光缆、电缆、明线线路及附属设备；按业务用途分为长途、地区（站场）线路。附属设施主要包括：交接箱、终端盒、通话柱，以及光纤监测系统、电缆充气设备、气压监测设备等。

2. 通信线路与非通信专业维护分界

通信线路中非通信部门使用的回线或光纤由通信部门负责。

通信线路上单独分歧的非通信部门的回线或光纤，由产权单位负责；光/电缆及明线线路以分歧头（分线箱、接头盒等）分界，分歧头（分线箱、接头盒等）等由通信部门负责。

设置在通信机房的非通信部门的引入光电缆，电缆线路以通信保安器为分界点，保安器（含）以内由通信部门负责；光/电缆线路以进入通信机房的第一个活动连接器为分界点，活动连接器以内由通信部门负责。

引入非通信部门机房的通信光/电缆，以通信配线架的连接器为分界点，连接器（含）以外由通信部门维护。

二、传输网、接入网

（1）铁路传输网是铁路各种语音、数据和图像等通信信息的基础承载平台。铁路传输网分为骨干传输网和局内传输网（局干/汇聚层、接入层）。骨干传输网主要承载铁路总公司到各铁路局集团公司和各铁路局集团公司之间的长途通信信息；局内传输网主要承载铁路局集团公司内的长途通信信息和本地通信信息。

（2）传输网通信专业与非通信专业的维护分界，以进入传输机房的第一个连接器为界，连接器（含）至传输设备由通信专业负责。

（3）铁路通信接入网用于将用户信息接入到相应的通信业务网络节点，主要实现铁路电话的远程接入，同时为铁路用户提供点对数据和音频电路的接入。

三、时钟及时间同步

（1）铁路时钟同步网（又称“频率同步网”）用于为铁路数字通信等网络提供基准频率信号。铁路时钟同步网由一级时钟节点、二级时钟节点、三级时钟节点、定时链路、网管系统及配套设备组成。铁路时钟同步网分为骨干同步网和铁路局集团公司内同步网。

（2）铁路时间同步网用于为铁路通信及其他专业提供基准时间信号。铁路时间同步网由一级时间节点、二级时间节点、三级时间节点、定时链路、网管系统及配套设备组成。

四、数据通信网、电话交换

（1）铁路数据通信网（简称数据通信网）由骨干网络和区域网络构成。

数据网设备包括网络设备、网关设备和配套设备。网络设备由路由器、交换机、域名系统、网络安全设备、数字用户线接入复用器（DSLAM）等组成。配套设备包含光纤配线架（ODF）、以太网配线架（EDF）、数字配线架（DDF）等附属设备。数据网设置网管系统，并根据需要设置复示终端。

（2）铁路电话交换设备包括数字程控交换机、长途人工智能交换系统、网管和配套设备。

其中，长途人工智能交换系统包括长途人工智能交换设备、智能座席设备（113 台、114 台、115 台、117 台及相关管理台）和电话所录音设备。配套设备包含数字配线架（DDF）、音频配线架（MDF）等附属设备。

五、调度通信、会议通信、电报通信、应急通信及广播与站场通信

（1）铁路调度通信系统是为调度指挥中心、调度所的调度员与其所管辖区内有关运输生产人员之间业务联系使用的专用电话通信系统。

铁路调度通信系统由干线调度通信系统与区段调度通信系统组成。主要设备包括：调度所调度交换机、车站调度交换机、调度台、值班台、语音记录仪、网管设备等。附属设备包括：光纤配线架（ODF）、数字配线架（DDF）、音频配线架等。实现干线调度通信、区段调度通信、站场通信、站间通信、区间通信等与运输指挥相关的通信业务。

（2）铁路会议通信系统包括电视电话会议系统和电话会议系统。

电视会议设备包括：多点控制单元（MCU）、电视会议终端、网管，以及摄像机、图像显示设备、视频矩阵、调音台、话筒、会场扩音、网络交换等附属设备，基于 IP 技术的电视会议系统还包括网守（GK）等设备。

电话会议设备包括会议总机、会议分机、会议会接架，以及调音台、话筒、会场扩音等附属设备。

（3）铁路电报通信系统由存储转发服务器、管理服务器、电报终端以及网络设备、扫描仪、传真机、复印机、打印机等附属设备组成。电报电路分为干线电报电路、局线电报电路。

（4）铁路应急通信是当发生自然灾害或突发事件等紧急情况时，为确保铁路运输实时救援指挥的需要，在突发事件救援现场内部、现场与应急救援指挥中心之间以及各相互救援中心之间建立的语音、图像和数据的通信。应急通信设备包括应急中心通信设备和应急现场通信设备。

（5）广播与站场通信系统是指为铁路旅客服务以及在站场内进行作业指挥、业务联系的通信设备。

广播设备包括车站客运广播设备、旅客列车广播设备、站场扩音对讲设备（或广播）。

站场通信设备包括站场电话集中机、扳道（道岔清扫）电话、桥隧守护电话以及其他有关设备及附属设备等。

六、综合视频监控系统

1. 综合视频监控系统的组成

铁路综合视频监控系统由视频节点、视频汇集点、视频采集点、承载网络和终端设备组成。其中，视频节点包括视频核心节点、视频区域节点、I 类视频接入节点和Ⅱ类视频接入节点，视频终端包括用户终端（含显示终端）和管理终端。

视频节点设备包括服务器、存储设备、网络交换设备、解码设备等；视频汇集点设备包括编码设备、视频光端机、网络交换设备等；视频采集点设备，即前端采集设备，包括摄像机、镜头、视频光端机，及与之配套的云台、防护罩、室外设备箱、视频杆塔等附属设备；终端设备包括计算机、通信接入设备等。前端采集设备、编码设备及视频接入设备等总称前端设备。

2. 通信专业与铁路其他专业的维护分界

（1）前端设备与节点设备间的分界：前端采集设备为模拟摄像机时，以编码设备的输入端为界，编码设备（含）至节点设备由通信专业负责；编码器（不含）至摄像机由前端设备维护单位负责。

前端采集设备为 IP 摄像机时，以通信接入设备为界，通信接入设备至节点设备由通信部门负责维护，通信接入设备（不含）至 IP 摄像机由集团公司指定单位负责维护。

（2）用户终端与节点设备间的分界：以用户终端的通信接入设备为界，通信接入设备至节点设备由通信部门负责维护，通信接入设备（不含）至用户终端由用户终端维护单位负责。

七、列车无线调度通信系统

列车无线调度通信系统用于列车调度员、司机、车站值班员、车辆乘务员之间的通话联系，并实现数据传送功能。

列车无线调度通信固定设备包括车站设备、调度总机、网管及监测设备等。其中车站设备由车站电台、车站数据接收解码器、调度命令车站转接器等组成。

移动通信终端设备包括车载通信设备和手持式（便携）通信设备。

车载通信设备安装于铁路机车、动车组、自轮运转特种设备、救援列车，包括机车综合无线通信设备（简称 CIR）、通用式机车电台、列车尾部安全防护装置机车设备等。

手持式（便携）通信设备包括无线对讲通信设备和 GSM-R 手持终端。

八、数字移动通信系统（GSM-R）

铁路数字移动通信系统（简称 GSM-R）包括核心网、无线网和运维支撑系统。

GSM-R 核心网由移动交换子系统（SSS）、移动智能网子系统（IN）、通用分组无线业务子系统（GPRS）、分组域数据传输接口设备等组成。

GSM-R 无线网设备包括：基站控制器（BSC）、分组控制单元（PCU）、码型变换和速率适配单元（TRAU）、基站（BTS）、无线通信中继设备、天馈线、漏泄电缆等。

无线通信中继设备用于无线信号的中继、放大、传播和接收，以便延伸无线网络的覆盖范围。无线通信中继设备包括光纤直放站、区间中继器、区间中继台、漏泄电缆、天馈系统、天线杆路及其他附属设备等。

九、监控监测系统

监控监测系统一般由监控监测中心设备、前端采集设备以及连接网络等组成。主要有通信电源及机房环境监控系统、光纤监测系统、接口监测系统、铁塔监测系统和漏缆监测系统等。

第二节　牵引供电与通信设备接口关系

牵引供电与通信设备之间的接口关系主要包括远动通道、综合视频监控、电话会议网络通信、移动通信 GSM-R 设备、通信漏缆位置等接口。

调度所、牵引变电所、开闭所、分区所、自耦变压器所、供电段、车间及班组等处通信设备房屋应满足通信设备运行要求。

一、远动通道接口关系

（1）通信专业为牵引供电 SCADA 系统提供光纤、通道的接口界面应符合下列规定：

① 通信光缆成端在通信机房的光纤分配架（ODF），为相关专业提供专用光纤时，接口界面可设置在通信机房 ODF 架的用户侧。也可将光缆自通信机房延伸至相关专业机房，工程界面设置在相关专业机房 ODF 架（盒）外线侧。

② 为各专业系统提供 2 Mb/s 或 10/100 Mb/s 通道的接口界面宜设在通信机房的数字配线

架用户侧、RJ-45 配线架用户侧或通信设备业务端口侧。

③ 为各监测系统提供音频通道的接口界面宜设在通信机房语音配线架用户侧。

通信与其他专业接口分工简图如图 4-1 所示。

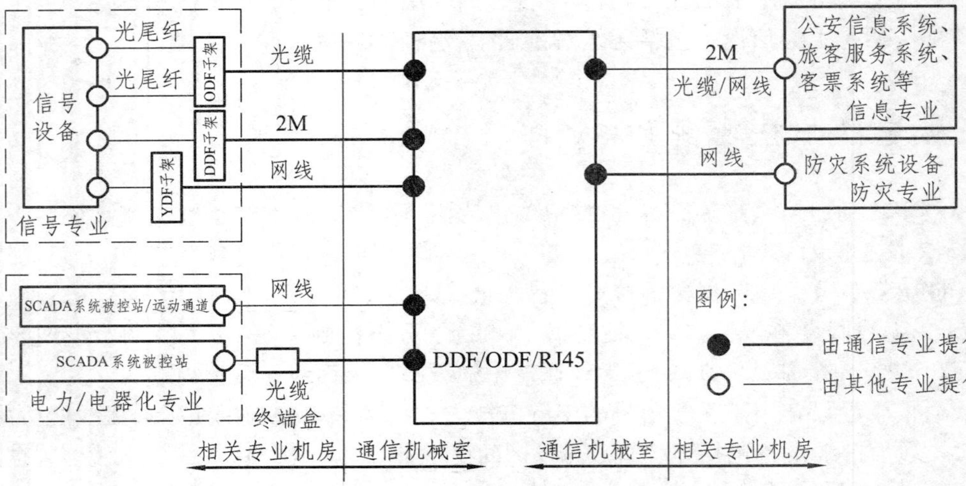

图 4-1 通信与其他专业接口分工简图

(2)牵引供电的 SCADA 系统与远程通信网的接口设备之间，存在功能、参数、软件、规约等方面的匹配，如不同系统之间的通信协议。

二、综合视频监控接口关系

牵引变电所、开闭所、分区所、自耦变压器所、接触网关键设备等场所综合视频监控系统设计应满足牵引供电远程监控要求。

牵引供电远动监控系统通过设置在调度中心、调度所与综合视频监控系统接口，综合视频监控系统分别在远动调度台的牵引及电力调度台上放置独立的视频监控终端，以提供实时监视、浏览相关视频监控图像的功能。除此之外，牵引供电远动监控系统在发生需要启动视频监控系统的故障报警录像故障时，产生联动报警信号通过 TCP/IP 协议输出到综合视频监控系统的管理主机触发相应的摄像机启动报警录像。

与综合视频监控系统的接口分界点在牵引供电自动化系统的接口交换机的端口处。

三、电话、会议、网络接口关系

调度所、牵引变电所、开闭所、分区所、自耦变压器所、供电段、车间及班组等处，供电专业应向通信专业提供装设直通、自动、地方电话的台数及安装位置，提出对传输通道、局域网、广域网、会议电视、视频监控的具体要求。

四、移动通信 GSM-R 设备接口关系

供电部门向通信部门提出车载（CIR、通用式机车电台等）通信设备、手持式通信设备需求，通信部门审核后配备，并负责 CIR、GSM-R 手持终端等配套的 SIM 卡卡号分配。

五、通信漏缆位置接口关系

漏泄同轴电缆与接触网同杆架设时，应根据漏泄同轴电缆的挂高、负荷等统筹考虑接触网杆路设计。

接触网支柱上特殊情况需附挂通信漏缆时，应报总公司批准。安装隔离开关的接触网支柱，禁止附挂通信漏缆等非供电线路设施。

第五章　牵引供电与电力系统接口

第一节　电力系统设备简介

电力供电系统主要包括变配电所、架空电力线路、电力电缆线路。

一、变配电所

变配电所一般由下列设备组成：调压器、所用变压器、配电装置、保护装置、自动及信号显示装置、整流设备及直流系统、测量装置及其附属设备等。

（一）变配电所的主接线要求及构成

变配电所主接线包括不同电压等级侧的接线，对于具有一级负荷的变配电所，应有两路相互独立的电源进线。具有两路电源的 66 kV 进线侧，应采用桥式或单母线分段接线方式；具有两路电源同时供电的 10 kV 配电所，应采用母线分段接线方式。

变配电所主要设备构成如下。

（1）高压设备。变配电所高压设备主要包括所用变压器、电力调压器、高压断路器、高压隔离开关、高压熔断器、电压互感器、电流互感器、绝缘子、母线等，用于分配传递电能、取样、切除线路故障及倒闸操作。

（2）低压设备。变配电所低压设备主要包括互感器、指示仪表、控制熔断器、转换开关、继电器、测控装置、后台机（后台计算机）、通信管理机、辅助接点等电气设备，用于电能的计量、电力系统运行参数的测量，实现对高压设备的控制和保护。

（3）电源系统。电源系统为低压设备正常工作提供能源。

（4）所内事故照明及通信系统。

（二）一次配线

变配电所一次配线主要包括高压配电柜的母线安装连接，配电柜和变压器（电力调压器）之间高、低压母线的安装连接，电容补偿装置和高压电缆的安装连接等。

硬母线安装，包括母线材料的矫正、弯曲、钻孔、修整、固定、油漆等。

母线在瓷瓶上的固定有螺栓固定、夹板固定和卡板固定三种方法。

设计无规定时，母线应按下列要求排列（以面对柜或设备正视方向为准）：

（1）垂直布置的母线，交流 A/B/C 相或直流正、负极由上向下排列。

（2）水平布置的母线，交流 A/B/C 相或直流正、负极由内向外排列。

（3）引下线的母线，交流 A/B/C 相或直流正、负极由左向右排列。

（三）二次配线

在变配电所中，常把变压器、高压断路器、高压隔离开关、母线、电容补偿装置及电力电缆等主要电气设备划分为一次设备，用规定的符号和文字图形将它们按照实际连接顺序而成的电路称为一次配线或主接线。对变配电所一次电气设备进行监视、测量、保护及自动装置所用的电器、控制开关和信号设备以及操作电源和控制电缆等一系列辅助电器设备划分为二次设备，根据技术要求，用导线将这些低压电器连接起来的电路称为二次回路或二次配线。

由于二次回路电气设备接线复杂、安装分散，为了便于配线施工安装，以及在运行中检查故障时查对方便，常根据二次回路在电路中的作用和性质，将二次回路划分为不同的回路。

1. 二次回路的分类

（1）按二次回路电源的性质划分。

① 交流电路回路：由电流互感器二次侧供电的全部回路。

② 交流电压回路：由电压互感器二次侧供电的全部回路。

③ 直流回路：由直流电源正极至负极，包括直流控制操作及信号等全部回路。

（2）按二次回路的用途划分。

① 测量、监视回路：主要由测量电器和仪表组成，其作用是监测一次设备的运行状态，为运行管理、事故分析提供参数。

② 保护回路。

③ 开关控制回路：主要由转换开关、继电器组成，其作用是对变配所高压开关进行分合闸操作。

④ 信号回路。

⑤ 自动装置回路。

2. 二次回路接线图

用于表明配电盘的类型，各二次设备在盘上的安装位置、设备间的尺寸及二次设备接线情况的图称为安装接线图，如图 5-1 所示。为了便于配电盘外的接线，还须在端子排外引线侧，画出至各安装单位的控制电缆方向。

3. 二次接线图中常用的图形、元件符号及回路标号

① 原理图及展开图中的常用图形：在原理图及展开图中所采用的设备及元件图形，通常都要求它具有一定的特征，以使人们一看到图形便能联想到它所代表的特性。

② 元件符号：为了便于阅读和记忆二次回路图纸，在设备或元件图形的上方通常习惯用元件的字母代号加以识别。

③ 二次回路标号原则：对于大、中型发电厂和变电所内的二次回路，由于回路比较复杂，因此经常还在回路内加注数字标号，以便工作人员进一步区分和识别回路的工作特点。

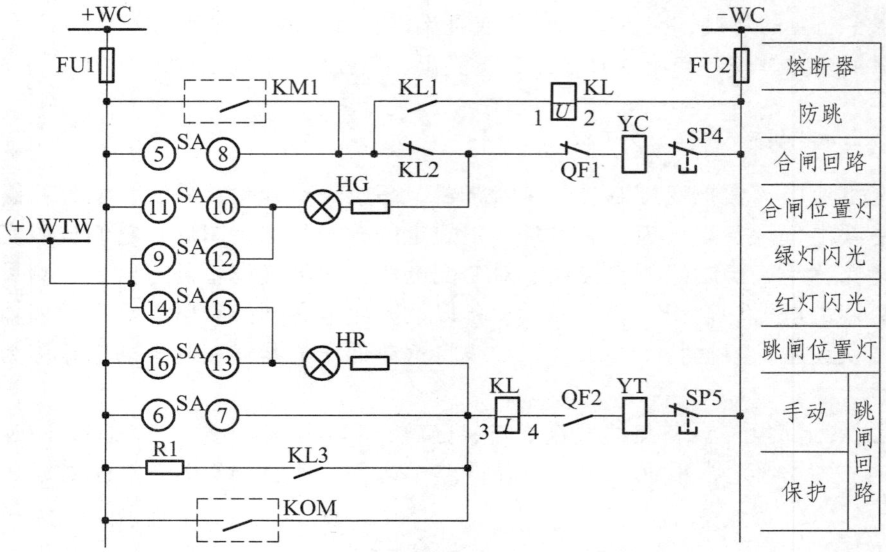

图 5-1　变电所二次回路安装接线原理图

（四）高压开关柜

用来接受和分配电能的装置叫高压开关柜，如图 5-2 所示。它是以断路器为主，将高压电器、测量仪表、保护装置及辅助设备等按照一定接线方式装配组合在一起而形成的。

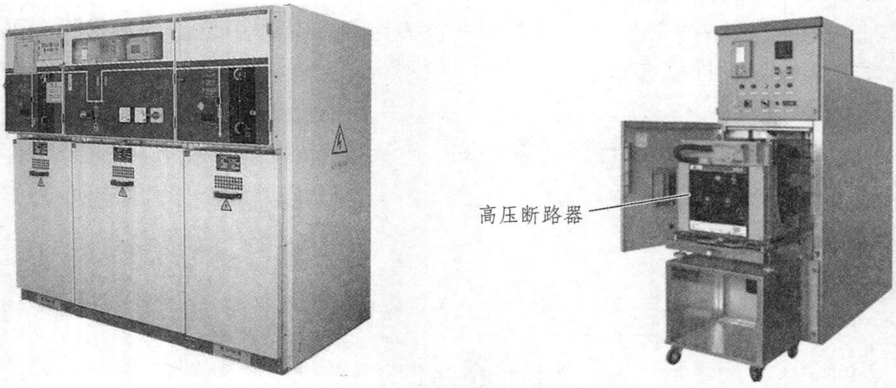

图 5-2　高压开关柜

1. 高压开关柜的作用

高压开关柜是变配电所的核心设备之一，有如下作用：

（1）在电力系统正常工作状态下，起着接受和分配电能的作用。

（2）系统故障时，起着保护、切断电源、迅速恢复电源的作用。

2. 高压开关柜的“五防”功能

（1）防止误合、误分断路器。

（2）防止带负荷操作隔离开关。

（3）防止带电挂地线。

（4）防止带地线合闸。

（5）防止误入带电区。

3. 高压开关柜的分类

（1）按用途分为进线柜、馈出柜、联络柜、电压互感器柜、调压器柜等。

（2）按结构形式分为固定式、手车式（移动式）。

（3）按柜体结构特点分为开启式和封闭式。

4. 高压开关柜安装后基本要求

（1）开关柜安装牢固、连接紧密、排列整齐。

（2）油漆完好、内外清洁、和地面的垂直误差不大于柜高的 1.5%。

（3）配电柜两侧及顶部的隔板完整无缺，门锁应灵活、齐全。

（4）安装好的配电柜、回路名称及部件符号应清晰醒目齐全完整，相对排列的开关柜、母线的连接和相位应一致。

（5）开关柜的接地良好，装有电器的可开启的屏、柜门应以软导线与接地的金属构架可靠连接。

（6）离墙安装的高压柜和母线桥应装有安全保护网和隔离板。

（7）闭锁功能齐全且动作安全可靠。

二、架空电力线路

铁路电力架空线路由电杆、导线、横担、绝缘子、变压器、变配电装置组成，如图 5-3 所示。

图 5-3　架空电力线路

（一）电杆

1. 电杆的作用与分类

电杆在电力线路中支撑导线及线路开关、避雷器、变压器，使导线与大地保持一定的安全距离，以保证电能的输送和分配。电杆如图 5-4 所示。

电杆按作用不同分为：直线杆、耐张杆、转角杆、终端杆、跨越杆、换位杆塔。

水泥杆也叫钢筋混凝土杆，分为普通型和预应力混凝土杆两种。

图 5-4　电杆

2. 电杆埋深、档距的要求

电杆与灯柱的埋深一般根据运行经验即经验公式取得。

电杆的埋深：杆高 × 1/6+0.1（m）或杆高 × 1/10+0.7（m）。灯柱的埋深：≥杆高 × 1/10+0.6（m）。

档距即两电杆间的距离。电力线路档距的选择可参考表 5-1。

表 5-1　电力线路档距选择

电压/kV	档距/m	
	居民区	非居民区
0.38	40 ~ 50	—
10	60 ~ 80	60 ~ 90

3. 电杆立杆后的要求

直线杆顺线路方向位移不应超过设计档距的 3%，垂直线路方向的位移不应超过 50 mm。转角杆、分歧杆横顺线路方向位移均不应超过 50 mm。

单杆立好后应正直，倾斜不应使杆梢的位移大于半个杆梢，直线杆的横向位移不应大于 50 mm。

转角杆应向外角预偏，紧线后不应向内角倾斜，向外角的倾斜不应使杆梢位移大于一个杆梢；转角杆的横向位移不应大于 50 mm。

终端杆应向拉线侧预偏，紧线后不应向拉线反方向倾斜，向拉线侧倾斜不应使杆梢位移大于一个杆梢。

双杆立好后，应正直，根开（根开是指电杆双杆/三联杆在平面上的杆与杆中心间距）的中心偏差不应大于 ± 30 mm，迈步（支柱横向位移）不应大于 30 mm。

培土应符合要求，高出地面 300 mm，底部直径一般为 1.2 m。

（二）横　担

横担如图 5-5 所示。

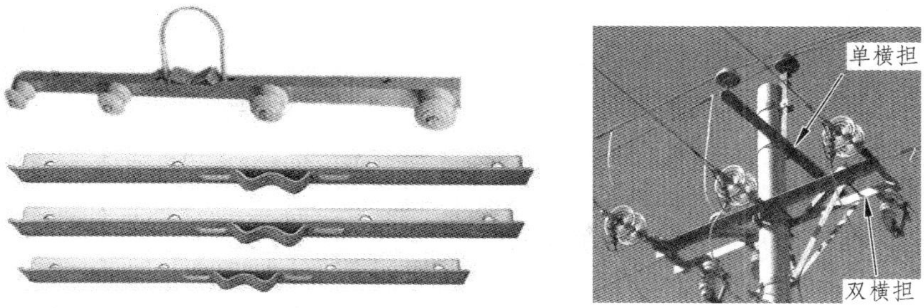

图 5-5　横担

直线杆横担应安装在电源的相反方向，即负荷侧。终端杆、分歧杆、转角杆的横担应安装在受力的反方向，多层横担均应装在同一侧。自动闭塞架空电线路直线杆的横担应在工程中统一安装。

横担中心至杆顶距离不应小于 200 mm。10 kV 及以下不同回路的电力线路共杆架设时，各横担中心间的最小垂直距离应符合规定。

各横担应平行架设在同一垂直面上，高低压合架时，高压线应在低压线上方。

转角杆横担的安装，转角为 45°及以下者用单横担或双横担，转角为 45°以上者用两段横担。

三角排列，横担安装距离要求如下：

（1）杆顶支座抱箍中心距杆顶不小于 150 mm；

（2）扁三角排列时横担中心距杆顶距离为 500 mm；

（3）正三角排列时横担中心距杆顶距离为 800 mm。

杆塔组装要求：

（1）杆塔组装后必须对全部连接件紧固一次，架线后复紧一遍。

（2）螺栓与构件面垂直，螺母平面与构件间不应有空隙。

（3）螺栓紧好后，露出丝扣长度，单螺母不应少于 2 扣，双螺母可平扣。

（4）承受剪力的螺栓，其丝扣不得在连接构件的剪力面内。

（5）必须加垫圈时，每端垫圈不应超过两个。

（6）受力的螺栓应带双螺母或单螺母加弹簧垫圈以及靠螺母外侧丝扣涂上铅油。

螺栓的穿入方向：

（1）对于立体结构，水平方向者由内向外；垂直方向者由下向上。

（2）对于平面结构，顺线路方向：双面构件由内向外，单面构件由送电侧向受电侧或按统一方向；横线路方向：两侧由内向外，中间由左向右（面向受电侧）或按统一方向；垂直方向：由下向上。

（三）拉线与撑杆

1. 拉线的作用和分类

拉线的作用是平衡杆塔各方向的拉力，防止杆塔弯曲或倾斜。

拉线可分为：普通拉线、人字拉线、十字拉线、过道拉线、V 形拉线、弓形拉线。

2. 对拉线的一般要求

① 拉线材质以镀锌钢绞线为主，底把均采用圆钢拉线棒。

② 拉线截面面积：镀锌钢绞线不小于 25 mm²；拉线棒采用圆钢拉线，直径不小于ϕ16 mm。

③ 普通拉线与电杆的夹角一般采用 45°，受地形限制可减小但不得小于 30°。

④ 钢筋混凝土电杆一般不设拉紧绝缘子，但拉线穿越导线时，应装拉紧绝缘子，其高度在拉线断开的情况下拉紧绝缘子对地面的垂直距离不应小于 2.5 m。

⑤ 拉线度盘埋设深度一般不应小于 1.2 m。

⑥ 水平拉线距路面中心垂直距离不应小于 6 m，对钢轨面高度不应小 7 m；拉线柱埋设深度不应小于柱长的 1/6；柱上端拉线固定位置距柱顶应为 250 mm，距地面距离不应小于 4.5 m。

（四）绝缘子

1. 绝缘子分类

① 高压绝缘子，包括高压针式绝缘子、柱式复合绝缘子、瓷横担、高压盘形悬式绝缘子、高压蝶式绝缘子。

② 低压绝缘子，包括低压针式绝缘子、低压蝶式绝缘子、鼓形绝缘子、拉紧绝缘子。

绝缘子外形如图 5-6 所示。

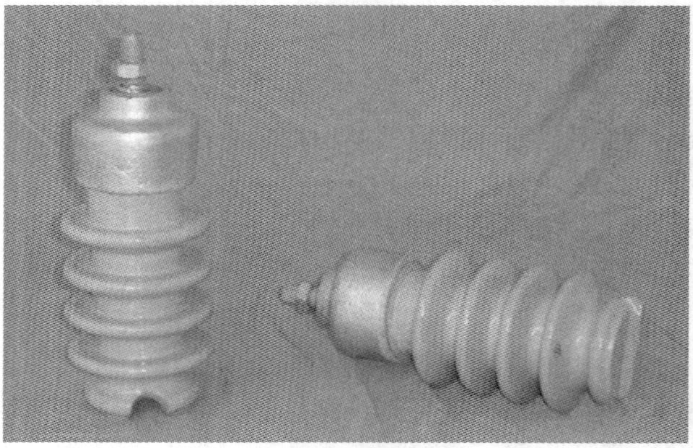

图 5-6　绝缘子

2. 绝缘子损坏原因及防止措施

绝缘子损坏原因主要有：

① 安装不符合要求，外力撞碰；

② 天气骤冷骤热以及冰雹破坏；

③ 表面不洁，雨雾天引起闪络；

④ 短路时导线电流大，大的电动力引起绝缘损坏；

⑤ 绑扎不牢，风摇导线导致绝缘子瓷釉磨损。

防止绝缘子损坏的措施有：

① 正确选择、安装绝缘子；

② 及时清除污垢，防止闪络放电；

③ 绑扎牢固，防止磨损；

④ 做好防护，防止外力撞碰。

3. 绝缘子巡视项目

正常时巡视主要检查：

① 瓷件有无破损、脏污；

② 立瓶铁脚有无弯曲；

③ 绑线有无松动断股；

④ 悬式绝缘子铁帽及心棒有无损坏；

⑤ 开口销有无磨损、丢失或未分开，螺帽是否脱落。

雷雨或故障时，除检查上述项目外还应检查绝缘子有无放电痕迹。

（五）导　线

1. 导线分类

导线是电力线路在各种复杂的条件下传导电流的载体，是输配电网络、电报电信系统传送电能或信息的通道，导线如图 5-7 所示。

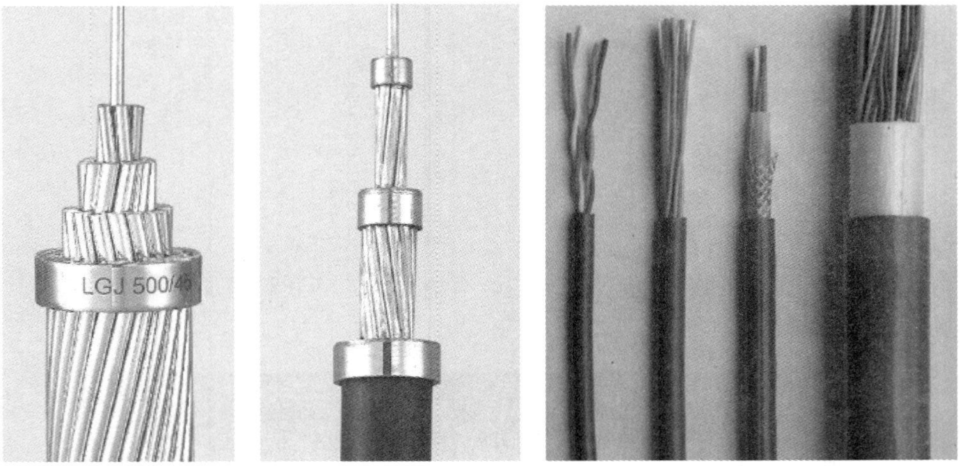

图 5-7　导线

根据电线的材料、结构、性能和使用特点，导线分为：架空裸电线、架空绝缘线、电磁线、电力电缆、通信电缆、电气装备电线电缆。

2. 架空导线截面面积选择

① 按允许电压损失选择导线截面面积；

② 按发热条件选择导线截面面积；

③ 按机械强度选择导线截面面积；

④ 按经济电流密度选择导线截面面积。

3. 导线相序、零线

导线的相序在横担上的排列是有规定的，并且应在线路中的电源引出杆、耐张杆、分歧杆、转角杆、变台杆、开关杆等横担上应有相序标志。相序图示见图 5-8。

图 5-8　相序图示

① 高压线路的相序排序：面向负荷侧从左向右为 A 相、B 相、C 相，换位时按接线图规定进行。

② 低压线路：面向负荷从左向右为 a、o、b、c；在线路与房屋接近时，零线可在靠近房屋侧，但一个地区应统一。

③ 10 kV 电力线路导线的排列方式宜采用三角形，对于特殊地形，交叉跨越，可采用扁三角或水平排列。0.38 kV 电力线路的导线应为水平排列，当多层排列时，自上而下的顺序为：电源回路、动力回路、外灯回路、控制回路及电铃回路。

4. 导线弛度调整

导线的弛度是根据气象区、导线截面面积、档距等因素决定的。

弛度的观测有两种方法，即弛度板法和振荡法。

① 弛度板法：将两弛度板挂在两档间的电杆的横担上，在杆上观测其弛度并与标准对照，大于标准时紧线，小于标准时松线。

② 振荡法：线路停电后，带秒表上杆，在距立瓶 300 mm 处沿水平面垂直拉拔导线（拉一下即松开），然后在导线上点数 15 s 内的振荡次数。如果振荡次数少于规定值则应紧线，多于规定值则应松线，直至达到标准数值。

三、电力电缆

1. 电缆的种类

电缆的基本结构由导电线芯、绝缘层和保护层三部分组成。为了改善电场的分布情况，减少切向应力，有的电缆加有屏蔽层。多芯电缆绝缘线芯间还需增加填芯和填料，以便将电缆绞制成圆形。如图 5-9 所示。

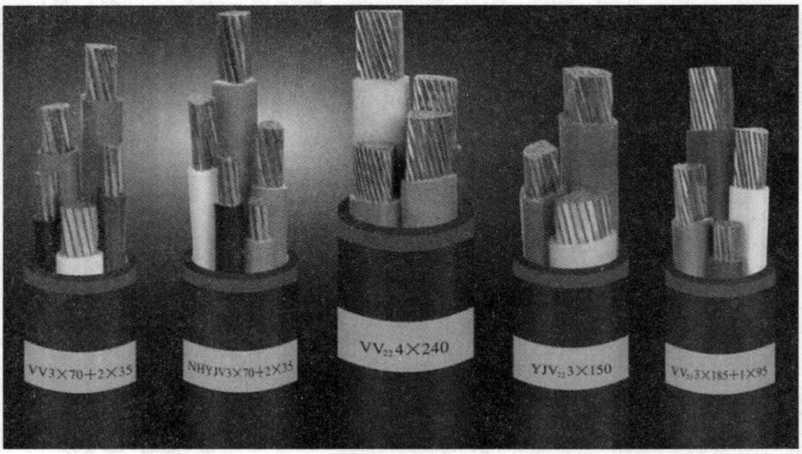

图 5-9　电缆

国产电力电缆的种类如下：

① 油浸纸绝缘统包型电力电缆；

② 油浸纸绝缘分相铅（铝）包型电力电缆；

③ 自容式充油电力电缆；

④ 聚氯乙烯绝缘电力电缆；

⑤ 交联聚乙烯绝缘电力电缆；

⑥ 橡皮绝缘电力电缆。

2. 电缆路径的选择

电缆路径的选择，主要应从安全运行、节省投资和施工方便等方面来考虑。

（1）在可能条件下，尽量避免电缆遭受机械性外力、震动、化学腐蚀、杂散电流和过热影响等危害。电缆线路周围的环境不应该有蒸汽管和烟道等热力设备。直埋电缆的地下土壤不应含有对电缆护层有害的物质，如酸或碱的溶液、氧化物、矿渣、石灰和有机的腐朽物质等，如必须在这种条件下敷设电缆，需要采用适合于这类土壤的电缆形式。

（2）电缆线路应尽量减少穿越各种管道、铁路、公路、电信电缆、河流和沟渠的次数，避开防护林、经济林区及需砍伐树木较多的地段，以便于施工和检修。

（3）在满足安全的前提下，尽可能选择最短距离的线路供电，这不仅可以节省建设投资，而且还可以减少运行时的线路损耗和事故概率。

（4）便于电缆敷设和展放，便于维护和修理。

（5）避开建筑工程、各种管线工程等需要挖掘施工的地方。

（6）电缆径路应考虑沿线的发展。

（7）除特殊装置外，电缆应尽可能水平敷设，减少高度差。

（8）路径应考虑到电缆护套在长期受到震动后会产生疲劳龟裂现象。

（9）电缆线路靠近堤岸或沿铁路路基敷设时，必须注意泥土有滑下和被雨水冲刷的可能。

（10）尽量避免在池沿或积水地区敷设，如果必须敷设时，应选择在积水区直而深的区段、两岸少受冲刷、底部较为平坦的地方通过。

3. 电缆展放的注意事项

（1）展放电缆时，电缆应从盘的上端引出。

（2）展放电缆时，电缆盘的支架应安放平稳、坚固。

（3）人力展放电缆时，人员应分布均匀。

（4）用机械牵引电缆时，牵引强度不得大于电缆最大允许值。

（5）在墙洞、沟口、管口及隔层等处展放电缆时，展放人员距各口不应小于 1 m。

第二节　电力系统对牵引供电的影响

一、与电网的接口

根据 TB 10621—2014《高速铁路设计规范》规定，牵引供电专业接口设计应符合下列要求：应向国家电力部门提供牵引负荷、牵引变压器安装容量、年用电量等资料，以便电力部门完成牵引变电所接入系统方案。国家电力部门应提供铁路部门归算至牵引变电所一次侧的系统短路容量等接口资料，以便完成保护整定计算。

在运行过程中，电力部门对牵引供电系统的电能质量要求、电力计价等方面均属接口问题。

高速铁路牵引变电所一般由两路 220 kV（或 330 kV）高压线路供电，以确保供电的可靠性。接口部位存在着防雷、过电压保护等问题，应该统一考虑。

牵引供电自动化系统与运营调度系统、时钟系统、综合视频监控系统、综合维修管理信息系统、火灾报警系统（FAS）、国家电网调度系统、既有线电调系统等外部系统相连。其中，与运营调度系统、综合视频监控系统、综合维修管理信息系统以及既有线电调系统的接口为双向数据通信；与 FAS 系统、时钟系统、国家电网调度系统的接口为单向数据通信。

牵引供电自动化系统分别在调度管理层、现场设备层实现与各外部系统的接口。牵引供电远动监控系统与时钟系统、运营调度系统、综合视频监控系统、既有线电调系统、国家电网调度系统和 FAS 系统相接口。

国家电网调度系统除了与牵引供电远动监控系统接口外，也可能通过牵引变电所综合自动化系统实现数据共享。

（一）与运营调度系统的接口

牵引供电远动监控系统与运营调度系统的接口采用成熟的实时中间件技术，接口协议基于 TCP/IP，接口规范满足运营调度系统的接口要求，接口分界点在牵引供电自动化系统的接口交换机的端口处。与运营调度系统的接口信息为双向传输，接口数据流如图 5-10 所示。

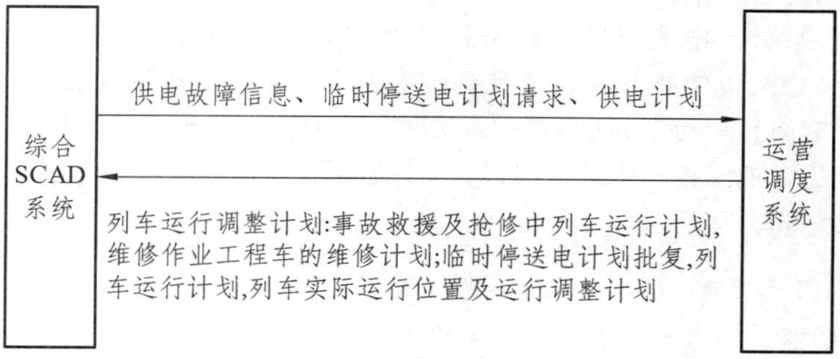

图 5-10　与运营调度系统的接口数据流

（二）与综合视频监控系统的接口

牵引供电远动监控系统通过设置在调度中心、调度所与综合视频监控系统接口。综合视频监控系统分别在远动调度台的牵引及电力调度台上放置独立的视频监控终端，以提供实时监视、浏览相关视频监控图像的功能。除此之外，牵引供电远动监控系统在发生需要启动视频监控系统的故障、报警录像故障时产生联动报警信号，通过 TCP/IP 协议输出到综合视频监控系统的管理主机触发相应的摄像机启动报警录像。

与综合视频监控系统的接口分界点在牵引供电自动化系统的接口交换机的端口处。

（三）与国家电网调度系统的接口

由于国家电网调度系统的接入要求不同，与国家电网的接口可能在牵引供电远动监控系统的调度所系统处，也可能在牵引变电所综合自动化系统处。

为此，调度所系统内设置独立的接口服务器，负责实现与本调度所相关的国家电网调度系统的接口功能。牵引供电远动监控系统与国家电网调度系统的接口为一对多方式，信息流为牵引供电自动化系统到国家电网调度系统的单向传输，接口信息仅包括各牵引变电所进线侧的开关状态及遥测信息。

此外，被控站的变电所综合自动化系统远动管理单元也具备与国家电网调度系统接口的能力，该接口为一对一方式，信息流为牵引变电所综合自动化系统到国家电网调度系统的单向传输，接口信息包括本牵引变电所进线侧的开关状态及遥测信息。

与国家电网调度系统的接口分界点，在调度所系统的接口交换机端口处或综合自动化系统远动管理单元的通信接口处。

二、电力系统电源变化对供电的影响

牵引供电系统作为一级负荷，电力系统要保证由两个独立电源供电。在电能质量方面要保证供电质量在允许范围内，即从电压质量、频率质量和波形质量三方面保证良好的电能质量，例如给定的允许电压偏移为额定值的 ± 5%，给定的允许频率偏移为 ±（0.2~0.5）Hz，供电电压（或电流）波形为较为严格的正弦波形。

电能质量国家标准包括：GB 12326 —90《电能质量—电压允许波动和闪变》、GB 12325—2008《电能质量—供电电压允许偏差》、GB 12945—95《电能质量—电力系统频率允许偏差》、GB 14549—93《电能质量—公用电网谐波》、GB 15543—2008《电能质量—三相电压允许不平衡度》。

电能质量主要包括电压质量和频率质量。

（一）电压质量

共分为四种：供电电压允许偏差，电压允许波动与闪变，公用电网谐波，三相电压允许不平衡度。

1. 供电电压允许偏差

供电电压允许偏差是指在某一时段内电压幅值缓慢变化而偏离额定值的程度，以电压实际值和电压额定值之差与电压额定值之比的百分数来表示。

（1）电压过高和过低的危害：

① 电压过高会损坏设备（导致设备绝缘老化）；

② 电压过低会烧坏电动机，并导致电力网损耗增加。

（2）我国国家标准规定电压偏差的允许值如下：

① 35 kV 及以上电压供电，电压允许偏差为额定电压的 ± 5%。

② 10 kV 及以下三相供电，电压允许偏差为额定电压的 ± 7%。

③ 220 V 单相供电，电压允许偏差为额定电压的 − 10% ~ + 7%。

对电压有特殊要求的用户，供电电压允许偏差由供用电协议确定。

2. 电压允许波动和闪变

（1）电压允许波动。

在某一时段内，电压急剧变化而偏离额定值的现象，称为电压允许波动，用电压最大值和电压最小值之差与额定电压之比的百分数来表示。

① 电压波动产生的原因：负荷急剧变动。

② 电压波动的危害：导致电动机无法正常启动，电子设备、计算机、自控设备等无法正常工作。

③ 我国国家标准规定电压波动允许值，220 kV 及以上为 1.6%；35 ~ 110 kV 为 2%；10 kV 及以下为 2.5%。

（2）电压闪变。

电压闪变是指周期性电压急剧波动引起灯光闪烁、光通量急剧波动，从而造成人眼视觉不舒适的现象。

3. 公用电网谐波

① 产生原因：电力系统中存在各种非线性元件，如电动机、感应电炉，尤为严重的是大型的晶闸管交流设备和大型电弧炉。

② 电压的波形：理想的波形为正弦波（50 Hz，基波）；一般为非正弦波，即基波叠加一系列的高次谐波，高次谐波为基波频率的整数倍。

③ 谐波危害：谐波对设备危害很大，可使变压器、电动机的铁损增大，产生过热，介质老化，缩短寿命；可使变压器噪声增大；使电动机的转子振动，从而影响产品质量；使表计不准；使系统发生谐振过电压等。

④ 国家对波形质量标准规定：要求用户的设备注入电网的谐波电流不得超过国家规定的标准。

4. 供电频率允许偏差

电网中发电机发出的正弦交流电压每一秒钟交变的次数，称为频率或供电频率。

供电频率偏差是以实际频率和额定频率之差与额定频率之比的百分数来表示。

① 频率过高或过低，都会影响产品的产量和质量，危及电力系统的稳定运行。

② 导致频率不合格的原因有：发电容量不足，用户未使用负控装置、低频减载装置。

③ 我国规定频率变化的允许范围：正常允许为 ± 0.2 Hz；根据系统容量放宽到 ± 0.5 Hz；用户冲击引起的频率变化一般不得超过 ± 0.2 Hz。

（二）频率质量

频率质量指频率允许偏差等项。

在电能质量的诸多指标中，受到负荷干扰影响，谐波是最为普遍的，这是因为非线性负荷的快速增长，导致电网内的谐波水平不断提高。谐波干扰造成电气设备异常和事故有逐年增长的趋势。

三、电气化铁路与电力系统的相互影响

（一）电力系统进线电压波动情况对接触网电压的影响

电力系统的电压过低或过高对接触网的电压波动有较大影响。电力系统电压较高时，通

过接触网传送到电力机车的网压就会高，甚至会引起机车自身过压闭锁，影响运行。电力系统电压过低，会使接触网末端电压低于机车运行的最小电压值，从而难以满足牵引供电需要，导致列车缓行和坡停故障。铁路部门虽然采取了增设增压变压器、串联电容补偿装置等措施来稳定供电电压，但仍然难以满足铁路运输需要。

为了解决电压对机车运行的影响，牵引变电所接入的电源公共点要有足够的系统短路容量，以保证供电、用电双方的安全、可靠。牵引负荷较小的一般铁路，在电力系统短路容量满足要求时，可采用 110 kV 电源供电，在电力系统薄弱地区，应加强电网能力或采用更高电压等级供电；高速铁路、重载铁路，应当采用 220 kV、330 kV 电源供电。对于超大容量牵引变电所，技术经济合理时，也可以采用 500 kV 电源供电。

针对不同铁路的具体条件，必要时可采取适当缩短供电臂长度、降低牵引网阻抗、提高功率因数、采用阻抗电压低的牵引变压器等提高网压的措施；适当考虑今后提高列车牵引质量、提高列车速度、缩短列车追踪间隔时，牵引供电系统的适应能力。

（二）高次谐波的影响

我国普速铁路目前主要采用交直型电力机车，其中大多数为我国自行研制的韶山系列电力机车。韶山系列电力机车采用直流串励式牵引电机，由于采用二极管整流或相控整流，会产生 3、5、7 等奇数次高次谐波电流，从而会对电力系统及相关设备产生不利影响。为了解决谐波问题，目前推广使用高次谐波电流很小的交直交型电力机车和动车组。

（三）功率因数的影响

交直型电力机车功率因数通常为 0.7 ~ 0.85，低于要求的 0.9。铁路部门通常采用安装固定式并联无功补偿装置的措施来提高功率因数。这种方式对运输繁忙的复线铁路补偿效果较好，对运量小的铁路，在负荷轻时过补偿比较严重。

解决功率因数问题的措施：

（1）在牵引变电所内安装并联电容无功补偿装置，该装置兼具滤波作用，一般 3 次谐波可滤除 50%，5 次谐波可滤除 20%，7 次谐波可滤除 15%。

（2）在部分交直型电力机车上加装补偿装置补偿功率因数，并兼滤部分高次谐波。

（3）特殊情况设置综合治理负序、谐波、无功的补偿装置，如采用 SVC、SVG 等装置。

（4）发展交直交型电力机车和动车组牵引，逐渐淘汰交直型电力机车，全面推广交直交型电力机车和动车组。如果电气化铁路全部采用交直交机车或动车组，谐波含量将大幅度降低，从而根本解决谐波问题。

（四）三相不平衡—负序问题

对于三相交流电力系统，电力机车或动车组是不对称的单相负荷。由于铁路行车组织方案的不均衡性和铁路线路的纵断面起伏变化，使牵引变电所两供电臂负荷呈现不平衡特性且几乎随机变化，所以三相负载每时每刻都不平衡，从而对电力系统产生负序影响。

可采取以下措施解决负序对牵引网的影响：

（1）选择短路容量大的公共点接入；

（2）采用相序轮换接入电力系统的办法；

（3）牵引变电所供电的两个供电臂负荷尽可能设计均衡；

（4）采用负荷平衡性较好的牵引变压器接线形式，如 V /V 接线等；

（5）在运输组织上尽量使列车均衡发车，尽量均衡牵引变电所两相负载等。

（五）牵引供电系统与交直交机车高次谐波谐振

近年来，一些电气化区段发生了牵引供电系统谐振现象，这都是由机车高次谐波电流引发的。高次谐波谐振造成多起接触网避雷器爆炸、变电所馈线跳闸、直流机车 RC 支路电阻烧损、列车停运事故，严重威胁牵引供电系统和动车组、电力机车的运行安全，对铁路正常运输秩序产生了干扰。

电气化铁路牵引供电系统与电力机车在电气方面是一个密不可分电路整体，高次谐波谐振是车网电气耦合系统工作异常的一种表现。电力机车是谐振的激发源，牵引供电系统网络结构决定了其必然存在谐振频率。

谐振发生与否与电力系统、牵引供电系统、电力机车以及同一供电臂的其他机车都有关。

牵引供电系统与交直交机车（动车组）发生的高次谐波谐振属车网电气匹配问题，涉及车和网两个方面，其治理对策一般也可以从车、网两方面着手，根本思路是设法破坏谐振条件以抑制谐振的发生。车上采用在动车组主电路上增设 RC 吸收滤波装置，调整牵引传动系统控制参数，抑制谐波电流的含量等措施。在牵引供电系统中采用在供电臂末端安装无源高通滤波器及倒换牵引变电所外部电源等措施。

四、牵引变压器档位的调整

牵引变压器是牵引变电所最主要的设备之一，其作用是将电压从高压变为低压，把发电厂输送的 110 kV（或 220 kV）高压通过降压变压器变为适合电力机车的 27.5 kV 电压。

对于 220 kV/27.5 kV 牵引变压器，一般设置 5 个档位，如表 5-2 所示。

表 5-2　牵引变压器的档位电压

档位	一次电压/kV	二次电压/kV
1	231	27.5
2	225.5	27.5
3	220	27.5
4	214.5	27.5
5	209	27.5

牵引变压器的档位可以根据牵引变电所的进线电压情况进行选择，如果牵引变压器长期在过压情况下运行，将导致牵引变压器过励磁，从而影响其使用寿命，因此，必须根据进线电压情况进行档位选择，调整时必须调整备用变压器的档位。牵引变压器应具备无载调压抽头保护，以防止带电调压误操作对牵引变压器造成损害。

第三节　电力系统的接口分界

一、电力与其他专业配电接口分界

（1）站场配电：雨棚、地道、天桥照明、隧道照明接口分界在照明配电箱进线端；车站外灯控制箱安装及进出电缆接引由电力专业实施。

（2）站房配电：站房照明接口分界在低压配电柜出线端；站房动力接口分界在低压配电柜出线端；与其他动力设备接口分界在用电设备本体的接入端（不含水泵控制箱、站房外的给水加压站/污水抽升站配电箱）。

（3）四电房屋配电：所亭、配电所、基站、中继站动力照明接口分界在低压配电柜的出线端；室内动力照明（含配电箱）、槽钢预埋、防雷接地工程由房建专业实施。

（4）防灾设备配电：接口分界在防灾配电箱的进线端。

（5）接触网设备配电：接口分界在电动开关操动机构箱进线端。

（6）通信设备配电：接口分界在通信配电箱（电力专业设）的进线端。

（7）信号设备配电：接口分界在信号防雷箱的进线端。

二、电力与地方外电源接口分界

（1）产权界面：铁路与地方分界口在国家电网变配电站的馈线间隔断路器的下端口，即下隔离开关。

（2）施工范围：一般由供电公司负责变电站 10 kV 间隔以及间隔至围墙外第一根基杆的电缆敷设施工；四电电力专业负责围墙外第一根基杆（含）至配电所的电源线路施工。

三、四电与电力工程接口分界

（1）在电源线路中间分界的：以线路上电缆桩头所在的电杆分界。

（2）变配电所采用架空线路进所的：以变配电所穿墙套管分界，穿墙套管（不含）以外部分为永临电力工程施工范围。

（3）变配电所采用高压电缆进所的：以变配电所内电缆引入桩分界，电缆桩头（不含）以外部分为永临电力工程施工范围。

四、电力远动通道与通信专业接口分界

（1）车站低压所；车站通信信号箱式变电所、综合箱式变电所；基站、中继站箱式变电所；区间接触网开关控制站；区间箱式开关站的电力设备远动 RTU 与通信专业的通道连接由通信专业实施（电力专业提供接口）。

（2）牵引所亭、配电所综自系统与通信专业的通道连接由变电电力专业实施（通信专业提供接口）。

（3）牵引所地调信息传输进线架构光缆至通信机械室通信通道连接由通信专业实施（进线架构侧光缆熔接由地方供电公司实施）。

（4）调度中心 SCADA 系统通信通道连接由通信专业实施。

五、电力与通信专业光电缆敷设说明

1. 车　站

（1）站房至路基段电力、通信缆分别沿站前预留电力、通信沟或上下护坡槽道敷设。

（2）当电力与通信缆在电缆井内有交叉时，电力缆从电缆井下部敷设，通信缆从电缆井上部敷设并采取防护措施。

（3）站房低压柜至通信、信号配电箱电源缆接引由电力专业实施并采取防护措施。

2. 基站、中继站

（1）基站、中继站至路基段电力、通信缆分别沿站前预留电力、通信沟或上下护坡槽道敷设。

（2）当电力与通信缆在电缆井内有交叉时，电力缆从电缆井下部敷设，通信缆从电缆井上部敷设并采取防护措施。

（3）基站、中继站房进房电缆井左侧为通信电缆井，右侧为电力电缆井。

（4）基站、中继站箱式变电所至通信、信号配电箱电源缆接引由电力专业实施并采取防护措施。

3. 牵引所/亭、配电所

（1）牵引所/亭、配电所至路基段电力、通信缆分别沿站前预留电力、通信沟或上下护坡槽道敷设。

（2）当电力与通信缆在电缆井内有交叉时，电力缆从电缆井下部敷设，通信缆从电缆井上部敷设并采取防护措施。

（3）牵引所/亭、配电所院内当电力缆与通信缆同沟敷设时，由通信专业采取防护措施。

（4）牵引所/亭、配电所交流屏至通信配电箱电源缆接引由电力专业实施并采取防护措施。

4. 区间路基、桥梁段

区间电力与通信缆分别沿站前预留电力、通信沟敷设，路基或桥梁外侧为电力电缆沟，路基或桥梁内侧为通信电缆沟。

当电力与通信缆在区间电缆井内有交叉或预留时，电力缆从电缆井下部敷设预留，通信缆从电缆井上部敷设预留。

第六章　牵引供电与机务、车辆系统接口

第一节　高速铁路的牵引动力

牵引动力是实现高速行车的重要关键技术，因而也对其提出了更高的要求：

（1）要实现比普通机车有更大的牵引功率和牵引力的新型动力装置和传动系统。

（2）牵引动力的配置不能局限于传统的机车牵引方式，而要采用分散的或相对集中的动车组方式。

（3）具有高速条件下的新的制动技术。

（4）高速电力牵引时要具有高可靠度的受电技术和装备。

（5）具有车载微机控制列车牵引系统和智能诊断技术。

（6）具有适应高速行车要求的车体及走行部的结构，以及减少空气阻力的车体外形等。

一、牵引动力的形式

目前，牵引动力的形式主要有电力牵引和内燃电传动牵引两种。

内燃电传动牵引具有投资少、见效快、经济性能好等特点。如英国的 HST 高速列车，德国的 vT610 内燃动车组，都采用内燃电传动牵引。此外，内燃电传动牵引还可以用于尚未电气化的高速铁路区段，也可以作为加速发展高速铁路建设的一种过渡牵引形式。

从世界各国发展高速铁路的情况看，尽管电力牵引初始投资较大，但是电力牵引具有牵引功率大、轴重小、经济性能好、有利于环境保护等一系列优点，因此世界上绝大多数国家的高速列车都采用电力牵引。

高速列车的牵引动力形式可以采用传统的机车牵引，也可以采用动车组牵引。由于动车组的轴重低，可以减小对线路的破坏作用，因此，目前世界上大部分高速列车采用动车组牵引形式。

二、牵引动力的配置

高速列车牵引动力的配置有集中配置和分散配置两种。

1. 牵引动力集中配置于一端

高速列车由一台或几台机车集中于一端来牵引，是一种传统的机车牵引客车的方式。这种牵引方式既有内燃牵引也有电力牵引，一般应用于既有线改造为客货混用的高速铁路上，它在高速化的初期为不少国家所采用，是一种投资少、见效快的方式。如美国采用 AEM-7

型电力机车，英国采用 91 型电力机车，瑞士采用 2000 型电力机车。这类列车由于机车功率较小，最高速度在 200 km/h 左右，很难满足进一步提高速度的要求。

2. 牵引动力集中配置于两端

高速列车两端为动力车，中间全部为无动力的挂车，牵引采用前挽后推方式。两端设动力车可以有两种模式：

（1）机车模式，即两端的动力车实际上就是一般的机车，而中间的无动力挂车即为一般的客车。如德国的 ICE 高速列车，这种模式在列车长度方面机动性较大，可随意加大或缩小编组。

（2）动车组模式，即两端的动力车与其后的无动力挂车具有共同的转向架及铰接机构，构成动车组。如法国的 TGV 高速列车，除位于整列车两端的列车转向架上装有牵引电动机以外，相邻首尾的第二辆车的第一台转向架上也装有牵引动力装置。这种模式可保持整列车的荷载均匀，运行相对平稳，但由于编组固定，因而在列车长度方面的机动性较差。

3. 牵引动力分散配置

这是一种动车组牵引方式，也有两种模式。

（1）完全分散模式，即高速列车编组中全部为动力车。如日本的 0 系列高速列车，其 16 辆编组中全都是动力车。

（2）相对分散模式，即高速列车编组中大部分为动力车，其余为无动力的挂车。如日本的 100 系列、700 系列高速列车，其 16 辆编组中有 12 辆是动力车，4 辆是拖车。

采用动车组牵引是当前高速列车牵引的主要方式，它将高度集中的牵引动力配置改为分散（或相对分散）配置，即把牵引动力分散到各个动力车上，克服了传统机车牵引方式总功率受限制的缺点，可以提高高速列车牵引的总功率，从而使运行速度得到进一步提高。

三、牵引动力集中配置与分散配置的比较

牵引动力的配置尽管有多种模式，但归纳起来基本上是两种，即集中配置和分散配置。这两种形式各有利弊，下面从主要技术性能指标上做一些比较分析。

1. 轴　重

列车的轴重对线路的状态有直接影响，当列车高速运行时对线路的动力作用增大，因而轴重问题更显重要。在进行分析比较时，需要对整个列车的最大轴重、平均轴重和簧下质量分别进行探讨。

（1）牵引动力集中配置形式的高速列车，其动力车轴重为最大。如法国 TGV 高速列车动力车的轴重为 17 t，德国 ICE 高速列车动力车的轴重为 19.5 t。尽管这些高速列车的最大轴重比较高，但由于整列车中大量拖车的轴重较轻，因而列车的平均轴重也较低。如德国 ICE 高速列车的平均轴重只有 12 t。

（2）牵引动力分散配置形式的高速列车，由于列车大部分或全部为动力车，因而其最大轴重要低于牵引动力集中配置形式的高速列车，但其平均轴重则显然要高。如日本 0 系列高速列车的最大轴重为 16 t、平均轴重为 15.1 t，100 系列高速列车的最大轴重为 15 t、平均轴重为 14.1 t。300 系列高速列车，由于采用三相异步交流电机、铝合金车体、直径为 860 mm

的小车轮以及降低车顶高度等一系列新技术和新措施，其最大轴重可降至 14 t，平均轴重降至 11.1 t。应当指出，日本 300 系列高速列车平均轴重降至 11.1 t 是因为在整列拖车中的比重加大的结果，基本上形成动力集中的方式了。

总体而言，要开行高速列车，毫无疑问应降低列车的轴重（包括最大轴重和平均轴重）。因为在其他条件相同的情况下，轴重大的列车对线路的影响和破坏作用也大。

可以看出，牵引动力集中配置的高速列车，由于列车组成中有大量的拖车，因而导致全列车的平均轴重较小；而动力分散配置的高速列车，其列车的平均轴重都大于动力集中配置的高速列车。平均轴重低可以减少线路建设投资，列车行驶时可以减轻对线路的动力作用，从而降低线路的检修和养护费用。

最大轴重的确定要根据本国的线路、运营情况，在保证安全、可靠、稳妥、舒适的前提下给予确定。如日本将最大轴重限度定为 16 t，法国最大轴重限度定为 17 t。国际铁路联盟（UIC）根据当时高速列车开行的状况，将动力分散形式的动力车的最大轴重限度定为 17 t（最高运行速度为 160 ~ 300 km/h），将拖车的最大轴重限度定为 16 t（最高运行速度为 160 ~ 250 km/h）；动力集中形式的机车最大轴重限度定为 22.5 t。而德国 ICE 高速列车动力车的最大轴重限度定为 19.5 t。

2. 簧下质量

机车车辆的簧下质量因轨道不平顺而产生冲击响应，直接影响到钢轨、轨枕、道床乃至路基。在其他条件相同的情况下，簧下质量愈大，对线路的破坏作用愈大；同时随着运行速度的提高，这种作用也随之增大。

簧下质量的限制与轨道上部结构质量、轨面伤害、车轮不圆度及自身动平衡线路的质量与养护水平等多种因素有关。为了对不同机车车辆簧下质量的影响进行比较，通常采用等效簧下质量的概念。对于高速列车的动力车，其等效簧下质量不仅包括轮对、轴箱等簧下部分的质量，还需将各轴牵引电动机的转动惯量以及经由齿轮传动的电枢转动惯量的影响均包括在内。一些国家的高速列车动力车的每轮等效簧下质量如下：日本 0 系列及 100 系列高速列车为 1.1 t、法国 TGV 高速列车为 1 t、德国 ICE 高速列车为 0.95 t。

从上述所列的数据可以看出，牵引动力集中配置的高速列车动力车的每轮等效簧下质量略低于动力分散配置的高速列车的数值。

3. 黏着利用和加速性能

充分利用黏着是高速列车牵引动力设计时一个重要的指导理念。一般来讲，黏着系数随着列车运行速度的提高而下降，所以，初期动力分散配置的高速列车就以增加动轴的数量来保证高速运行时有足够的牵引力。但是，随着电子技术的发展以及新型防滑装置的采用，使动力车可以取得较大的黏着系数，用较少的动轴即可满足牵引力的要求。

动力分散配置的高速列车大部或全部为动力车，因而具有较大的黏着起动牵引力和较好的起动加速性能；而动力集中配置的高速列车在黏着利用方面则较差。目前由于采用三相交流传动技术，动力集中配置型动力车的轴牵引功率已大大提高，从而使其加速性能不亚于动力分散配置型动力车。

4. 列车总功率和轴功率

高速列车在其牵引重量和速度目标值确定之后，无论采用动力集中配置还是动力分散配置，所需的列车总功率基本上是相同的。两者的区别仅在于动力分散配置型列车的动轴多、单轴功率小，而动力集中配置型的动轴少、单轴功率大。

对于轴功率，随着高速列车采用了交流同步电机牵引，如法国的 TGV-A 高速列车其动力车的轴功率也提高到了 1100 kW；德国的 ICE 高速列车其动力车的轴功率已达到 1200 kW。

当需要扩大高速列车编组时，两种配置方式均可通过增加动轴的数量来满足要增加列车总功率的需求。即：动力分散配置型可在列车中部增加牵引单元；而动力集中配置型则可将邻接动力车的拖车转向架改为动力转向架。

当需要提高列车速度时，两种配置方式都需要通过减少拖车的数量来实现。

5. 制动距离

对于两种配置方式，只要制动力不超过黏着允许范围，当列车重量相同、制动功率相等时，其制动距离都是一样的。

动力集中配置型列车虽然动轴数少，但大量拖车车轴上有足够的空间可用于安装作用性能良好的盘形制动装置和防滑设备，可使制动黏着系数的利用值提高，制动距离不会比动力分散配置型大。如法国 TGV-A 高速列车在速度为 270 km/h 时的紧急制动距离为 2700 m，220 km/h 时的紧急制动距离为 1700 m，黏着系数利用值平均达到 0.1。日本 951 型全动轴列车，在速度为 250 km/h 时的紧急制动距离为 2 950 m，210 km/h 时的紧急制动距离为 1 950 m，黏着系数利用值平均为 0.094。

6. 受 流

铁路上把受电弓从接触网获取电能的过程称作“受流”。高速受流的稳定性可用受电弓离线率来表征。

动力分散配置型的高速受流是多弓受流，如日本 100 系列高速列车需要升起 6 个受电弓。多个升起的受电弓会引起很大的噪声，这种噪声甚至隔音墙都无法挡住。同时，多个受电弓相距很近、受电过程中引起接触网导线产生复杂的多层波动，而这些受电弓又无法跟随处于波动中的导线，导致频繁的受电弓离线，伴随频繁的飞弧发电效应，不仅损失电能，严重时甚至使动力车无法稳定工作。实际离线率超过 10%，导致接触导线波状磨耗和使用寿命缩短。现在，动车升弓已减少到 2 ~ 4 个，正在向动力相对集中方向发展。

动力集中配置型的高速列车，升弓数量仅为 1 个或 2 个。尽管离线率标准定在 5%以下，但很少发生离线现象，避免了电弧放电、电磁干扰，使高速受流比较完善。

第二节　电力机车的原理及结构

电力机车是利用电能由电动机驱动运行的机车或动车。电力机车平均热效率比内燃机车高，它在提高铁路运输能力、合理利用资源、保护生态环境方面，是铁路最理想的牵引动力。

一、电力机车的分类

电力机车按照传动方式分为直流传动电力机车和交流传动电力机车。

（一）直流电传动

直流电传动依其牵引供电系统的不同，分为直-直流电传动和交-直流电传动。

直-直流电传动是指由直流供电系统供电、直流牵引电动机为动力的传动方式。该种传动方式的设备简单，技术可靠，因此在电气化早期采用。但由于它有一些缺点，如接触网电压受直流牵引电动机电压的限制而不能大幅度提高、接触网使用的有色金属较多、牵引变电所数量多等，故而直-直流电传动不可能得到进一步的发展。

交-直流电传动是指由单相交流供电系统供电（供电频率分为工频或低频）、交流牵引电动机为动力的传动方式。动力车通过受电弓从接触网获取单相交流电源（电源电压为 25 kV、频率 50 Hz），经电源变压器降压后再由整流装置将交流电变为直流电，再经过平波电抗器向交流牵引电动机供电，实现电能向机械能的转换。

（二）交流电传动形式

1. 交-直-交电传动

这种电传动的特点是在交流电源和交流输出之间有一个直流环节。动力车通过受电弓从接触网获得单相交流电源，经牵引变压器降压后由整流装置变换为直流电源，然后经中间环节 L、C 滤波和储能装置，送入逆变器，再经逆变器将直流电变换为振幅和频率可调的三相交流电，供给三相交流同步（或异步）牵引电动机。德国 ICE 高速列车就是采用交-直-交三相异步电传动方式。

2. 交-交电传动

这种传动方式的特点是单相交流电源不经中间直流环节，直接变换为频率可调的三相交流电，供给同步或异步牵引电动机。

二、交-直型电力机车的工作原理

交-直型电力机车是靠其顶部升起的受电弓，从接触网上取得单相工频交流电，经牵引变压器降压，再经变流装置将交流电转换为直流电，供给直流（脉流）牵引电动机，经齿轮传动装置牵引列车运行，如图 6-1 所示。

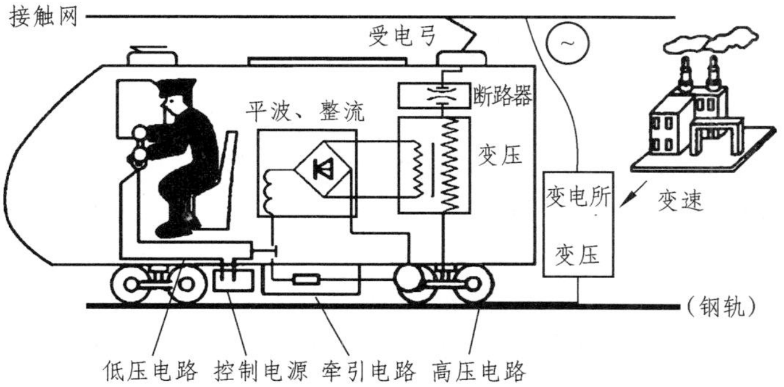

图 6-1　电力机车工作原理

三、电力机车基本组成

电力机车结构上分为转向架、车体、司机室、机械间、车顶电器等部分。机械间内分高压室、变压器室和辅助室，也可以说由机械部分、空气管路系统和电气部分组成。

1. 机械部分

电力机车机械部分主要由车体、走行部、车底架、车钩缓冲装置、机制动装置组成。

电力机车走行部也称转向架。现代电力机车转向架的每个轮轴上都安装有动力装置，称为动轴。

2. 空气管路系统

电力机车空气管路系统除了供给空气制动外，受电弓、主断路器等电气设备的操作也要用压缩空气。电力机车空气管路系统按功能分为风源系统、控制气路、辅助气路和制动机四个部分。

风源系统主要由空气压缩机、压力调节器、总风缸及其连接管路组成，为制动机系统及全车气动器械供给稳定和洁净的压缩空气。

控制气路主要由辅助空气压缩机、辅助风缸、控制风缸、换向阀、联锁阀及其连接管路组成，用以供给全车气动电器的压缩空气以及用作安全保护措施。

辅助气路主要由撒砂器、风喇叭、刮雨器及其连接附件、管路等组成，用以确保机车安全运行及改善性能。

制动机主要由制动机的整套装置及其连接管路、电路等组成。制动机由司机操纵对列车实施减速、停车。

3. 电气部分

电气部分包括受电弓、牵引变压器、牵引电机、整流柜机组、辅助电机及司机控制器、接触器、继电器、转换开关、电空阀等。

另外，电力机车上还装设有列车运行监控记录装置，其中客运机车还加装轴温报警装置，以保证行车安全。

四、电力机车电气设备与电路

电力机车上的各种电气设备，分别装设在主电路、辅助电路和控制电路三大电路中。

1. 主电路

主电路将产生机车牵引力和制动力的各种电气设备连成一个系统，实现机车的功率传输。主电路中主要电气设备有受电弓、主断路器、主变压器、整流调压装置、电抗器、牵引电动机和制动电阻等。

① 受电弓。

机车顶部一般装有两套单臂受电弓，受电弓紧压接触网导线滑行摩擦受流。机车运行时只需升起一套受电弓，另一受电弓作为备用。接触网上送来的 25 kV 工频单相交流电就由此引入机车。

② 主断路器。

主断路器是机车的总电源开关和保护开关，用来接通或断开电力机车高压电路。当主电路发生短路、接地或整流调压电路、牵引电动机等设备发生故障时，它能自动切断机车电源，实现对机车上设备的保护。

③ 主变压器。

主变压器又称牵引变压器，它把从接触网上取得的 25 kV 高压电降低为牵引电动机所适用的电压。变压器共有四个绕组：一个原边绕组接 25 kV 高压电；三个次边绕组，其中牵引绕组用来向牵引电动机供电，励磁绕组用于在电阻制动时给电动机提供励磁电流，辅助绕组用来给机车的辅助电机供电。

2. 辅助电路

辅助电路电源来自主变压器的辅助绕组,通过劈相机将单相交流电转变成三相交流电后，供给牵引通风机、油泵机组和空气压缩机等辅助电机使用。

3. 控制电路

控制电路将主电路和辅助电路中各电气设备的控制电器（包括各种控制开关、接触器、电空间等）同电源照明、信号等的控制装置连成一个电系统。

以上三个电路系统在电气方面一般是相互隔离的，但三者通过电磁、电空或机械传动等方式相互联系，配合动作，低压电控制高压电，保证司机操作安全，实现机车安全运行。

五、电力机车制动

当机车需要制动时，除使用空气制动装置外，还可以使用电阻制动。司机操纵司机控制器，使其从牵引位转到制动位，牵引电动机由串励电动机运行改成他励发电机运行，这样，车轴带动电动机的电枢旋转，产生一个与速度成比例的阻力阻止列车运行。如果发出的电能被制动电阻变成热能耗散掉，就称之为电阻制动，它因而消耗了机车惰行时的机械能。

如果将电能重新反馈回电网中去加以利用，就称之为“再生制动”，它将列车在运行中所具有的机械能转换成电能送回接触网。从能量利用上看，电阻制动虽然不如再生制动，但电阻制动的主电路工作可靠、稳定，技术比较简单，目前在电力机车上得到广泛使用。

第三节　机车运用与检修

机车运用与检修的基层单位是机务段，一般设在区段站和编组站。

一、机务段的任务和设备

根据各机务段担当任务量的大小，为其配属一定数量的机车。

机务段的主要任务，运用方面负责计划、组织本段机车和乘务组完成邻接区段的列车牵引或固定在某个车站上担任调车工作，并对日常运用机车进行整备和日常保养。检修方面负责段修范围内的机车定期检修和日常维修工作，保证运用机车的良好状态。

机务段设有管理部门和生产车间。生产车间包括运用车间、检修车间、设备车间、整备车间和监控车间。

运用车间主要负责机车的运用和保养；检修车间主要负责机车段修范围内的定期修理和机车的日常维修；整备车间负责机车燃料、水、砂等物资供应及机车的整备作业；设备车间负责机务段固定设备及水电动力设施的管理与维修；监控车间负责列车运行监控记录装置或自动停车装置等的检测、运行信息转储及设备维护。

机车出段牵引列车或担任调车作业前，需要给机车供应必需的物资和做好各项准备工作，这些工作称为机车整备作业。车型不同整备作业内容也不同。为完成机车整备作业，机务段还必须修建相应的整备设施及设备，如机车整备场、加油站、转向、化验、清洗等设备。

机车检修设备指机车在段修作业中所用的国家标准产品设备、铁路专用设备、工具备品及有关建筑物等。

二、机车运用

机车运用的一大特点是机车只要离开机务段，就要受到车站有关人员的调度和指挥。因此机务部门和行车部门的关系尤为密切，两者必须联动协作才能安全、高效、优质地完成运输任务。

（一）机车交路与机车运转方式

机车交路是机车固定担当运输任务的周转区段。

按照所担当的牵引区段的长度，分为短交路和长交路。如果用一班或一班以上乘务组在规定的连续工作时间内，机车仅能够完成一个单程交路的牵引作业，称作长交路。如果用一班乘务组在规定的连续工作时间内，机车能够完成一个往返交路的牵引作业，称作短交路。

目前，我国铁路机车运转方式主要分为肩回运转制和循环运转制。

1. 肩回运转制

机车牵引列车在一个交路区段内往返一次后即进入机务段整备检查的，称肩回运转制。长、短交路均可采用这种机车运转方式。

2. 循环运转制

机车牵引列车在相邻的两个交路区段内做往返连续运行不入段，直到需要进行定期检修或预防性检修才进入机务段的，称循环运转制。一般短交路均可采用这种机车运转方式。

（二）乘务制度与乘务方式

我国现行的机车乘务制度有两种，即包乘制和轮乘制。

1. 包乘制

包乘制即每台机车配备给 2～3 个固定的乘务组值乘。包乘制的优点是可以加强机车乘务员的责任心，便于乘务员熟悉所驾机车的性能，有利于机车操纵和维修保养；缺点是机车的运用效率较低。

2. 轮乘制

轮乘制即机车由各个乘务组轮流值乘。由于乘务组值乘的机车不固定，这样可以有效地使用机车，合理安排乘务员的作息时间，显著提高机车的运用效率。当然，这对乘务员的驾驶技术要求更高，对机车的质量和保养的要求也更高。

乘务员的乘务方式主要有立即折返制、外段驻班制和随乘制三种。

3. 长交路轮乘制运转的特点

长交路轮乘制运转是各国铁路的共同趋势。随着我国铁路牵引动力的发展，列车运行速度提高、行车密度加大，目前也逐步实行了长交路轮乘制。长交路轮乘制运转方式一方面可以减少机车摘挂次数，减少中途停站时间，提高旅行速度，加快机车周转；另一方面又可以减少机车出入段的次数和等待列车时间，节省机车和乘务人员，提高劳动生产率。由于轮乘人不受车的限制，车不受人的约束，便于组织运输生产。但是伴随着机车交路的延长，对机车状态的要求更高，对机车乘务员的技术水平要求更高，必须提高机车修造质量及日常维护保养水平。

三、机车检修

机车在运用中，其技术状态会随着走行公里数的增加而逐渐变差，各部件都会发生磨耗、变形或损坏，达不到预定的工作性能或出现故障，因此就要对其进行维修。除了乘务员的日常检查和保养外还，必须进行各种定期检修。

机车定期检修的修程，内燃、电力机车分为大修、中修、小修和辅修。机车大修是一种全面的恢复性修理，修后机车需达到新车水平；中修主要修理走行部；小修主要是为了对有关设备进行测试和维修；辅修是临时性的维修和养护。

机车检修周期根据机车实际技术状态和走行公里或使用日期，由铁路总公司机车检修规程规定。

我国目前的检修体制实行的是机车计划预防修。计划预防维修制度，是在掌握机器磨损和损伤规律的基础上，根据各种零件的磨损速度和使用极限，以防重于治为原则，相应地组织保养和修理，避免零件的过早磨损，防止或减少故障，延长使用寿命，从而能较好地发挥设备的使用效能、降低使用成本。计划预防修理制的具体实施可概括为“定期检查、按时保养、计划修理”。

主要零部件的专业化集中修和定期检测状态修，是为适应铁路快速发展，提高机车配件质量而进行的修制改革。专业化集中修是将机车中修及以上作业，集中在少数几个有相应检修能力的机务段进行，避免造成设备分散、效率低、经济效益差。对机车的主要零部件的检修按照专业化的生产原则，合理分工、定点协作，逐步建立专业化集中修基地。同时采用诊断技术，定期检测机车主要零部件状态，做好技术资料的积累和分析，制定合理的检修周期，坚持“按工艺、按机统-28 机车状态、按规定的技术要求、按范围”“程序化、机械化、文明化”记名修车，以不断提高机车段修的工作质量和产品质量。

第四节　动车组简介

一、动车组的基本概念

动车组是由动力车和拖车或全部由动力车长期固定地连挂在一起组成的车组。动车组中带有动力的车辆称为动车（用 M 表示，以下同），不带动力的车辆称为拖车（用 T 表示，以下同），列车两端都带有司机室，可在线路上往复运行。除高速铁路、城际客运、市郊客运运用的动车组外，城市中的地铁列车和轻轨电车也属于动车组的范畴。

二、动车组的分类

动车组按动力源可分为内燃动车组和电力动车组；按动力配置可分为动力集中式和动力分散式。动车组动力分散配置有两种模式：一种是完全分散模式，即高速列车编组中的车辆全部为动力车，如日本的 0 系高速列车，16 辆编组中全部是动力车；另一种是相对分散模式，即高速列车编组中大部分是动力车，小部分为无动力的拖车，如日本的 100 系、700 系高速列车，16 辆编组中有 12 辆动力车，4 辆是拖车，即 12 动+4 拖。

动力分散动车组具有牵引功率大、最大轴重小、起动加速性能好、可靠性高、列车利用率高、编组灵活、运用成本低等诸多优点，因此，动力分散动车组是当今世界铁路动车组特别是高速动车组技术发展的方向。

三、动车组的特点

相对于传统的机车车辆模式，动车组在旅客运输方面有着很多突出的优点。由于列车在运行中固定编组，车站折返或换向时无须摘挂机车，节约停站时间，提高列车使用效率，减少车站咽喉压力。在保证安全的前提下，可明显提高行车密度，提高整个铁路网的运输能力。

动车组的主要技术特点如下：

1. 头型流线化

随着列车运行速度的提高，周围空气的动力作用一方面对列车和列车运行性能产生影响；同时，列车高速运行引起的气动现象对周围环境也产生影响。

对于高速动车组来说，列车头型设计非常重要，好的头型设计可以有效地减少运行空气阻力和列车交会压力波并解决好运行稳定性等问题。

2. 车体结构轻量化

为了节省牵引功率，降低列车高速所引起的动力作用对线路结构、机车车辆结构产生的损伤，以及提高旅客乘坐舒适度，需要最大限度地降低高速动车组的轴重。因此，国外各国高速列车车体的主要材料是铝合金和不锈钢，从发展趋势看，铝合金将成为动车组车体的主导材料。

3. 高性能转向架技术

提高列车运行速度首先遇到的问题是转向架运行平稳性和安全性，所以，要提高列车运行速度，就必须具有高性能的转向架。对高速转向架的要求是具有高速运行的稳定性以及良好的曲线通过性能，以满足乘客乘坐舒适度的要求。

4. 复合制动技术

高速列车的制动能量与速度的平方成正比，因此，传统的纯空气制动能力已不能满足需要。因此高速列车必须采用能提供强大制动力并更好利用黏着的复合制动系统。该复合制动系统通常由制动控制系统、动力制动、空气制动（包括盘形制动和踏面制动）系统、微机控制的防滑器和非黏着制动装置等组成。

5. 密接式车钩缓冲装置

目前世界各国高速列车（如日本、德国）普遍采用密接式车钩连接装置，该装置两车钩连接面的纵向间隙一般都小于 2 mm，上下、左右偏移也很小，为提高列车的运行平稳性和电气线路、风管的自动对接提供了保证。

6. 交流传动技术

早期的电力牵引传动系统均采用交直传动，用直流电动机驱动。由于直流电动机的单位功率重量较大，使高速列车既要大功率驱动又要求减轻轴重，形成难以克服的矛盾。在交流传动系统中，交流牵引电动机较传统的直流牵引电动机具有结构简单、运行可靠、体积小、重量轻及造价低等一系列优点。交流牵引电动机没有整流子结构对电动机功率的限制，牵引功率可以得到进一步提高。

7. 列车自动控制及故障诊断技术

列车自动控制系统对高速列车安全运行具有重要作用，世界各国在发展高速铁路时都十分重视列车自动控制系统的研究和开发，许多国家都将其作为先进列车控制系统（Advanced Train Control Systems）研制了多种基础技术设备，例如列车超速防护系统、卫星定位系统、车载智能控制系统、车载微机自动监测和诊断系统等。

目前在世界高速铁路上的自动控制方式主要分为两类：一类是以设备为主、人控为辅的控制方式，以日本新干线采用的 ATC（列车自动控制）方式为代表；另一类是人机共用、人控为主的方式，以法国 TGV 高速列车为代表，主要采用有 TVM300 型安全防护系统及改进的 TVM430 型安全防护系统，还有德国 ICE 高速列车采用的 FRS 速差式机车信号和 LZB 型双轨条交叉电缆传输式列车控制设备等。

8. 倾摆式车体技术

列车通过曲线时，未被平衡的离心加速度超过允许限度时会使乘客产生不舒适感。这种未被平衡的离心加速度与列车速度的平方成正比，由此限制了列车通过曲线时的速度。采用摆式列车可以在既有线路条件下使列车通过曲线时的速度提高约 30%。

第五节 动车组的基本结构

动车组的基本组成包括两大部分，即机械部分和电气部分。

机械部分有车体与车辆内部设备、转向架、车辆连接装置、制动装置等；电气部分有受流系统、牵引传动系统、列车网络控制系统等部分，如图 6-2 所示。

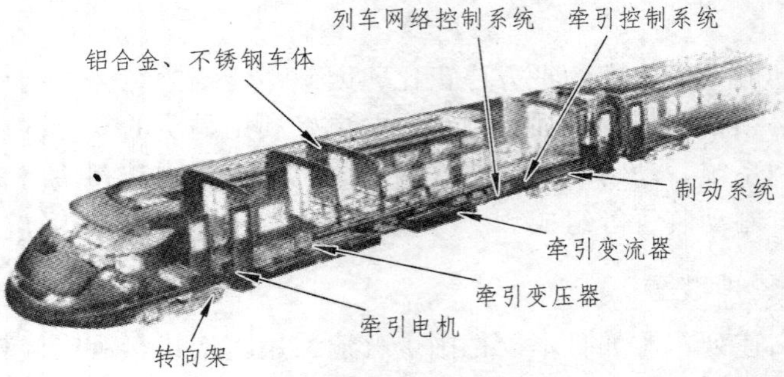

图 6-2　动车组的组成

通过引进国外高速列车先进技术、消化吸收后进行自主创新，目前我国线路上运行着 4 种 200 km/h 速度等级的高速列车，即 CRH1 型动车组、CRH2 型动车组、CRH3 型动组、CRH5 型动车组。下面以 CRH5 型为例简要介绍动车组的组成情况。

一、动车组的基本结构

CRH5 型动车组设一等车 1 辆，位于列车的一端，为带有司机室的合造车。除司机室外，一等车座席总数为 60，座席采用 2+2 布置，走廊宽度为 600 mm。CRH5 型动车组设有 1 辆带司机室的二等头车及 4 辆不同类型的二等车。不同二等车的客室断面布置基本相同。二等头车的座席总数为 74，标准二等车座席总数为 93，座席采用 2+3 布置，走廊宽度均为 570 mm。

餐车设用餐区和吧区。带残疾人卫生间的车厢内设有两个残疾人位置。

为适应寒冷气候环境的需要，空调机组放在车顶部，在客室中央设有送风风道。在 3、4 号车上设有受电弓，动车组运行时采用单弓受流方式，另一个备用，在车顶设贯通的高压母线，分别向两个牵引单元供电。牵引系统使用交直交传动方式，主要由主变压器、牵引变流器、异步牵引电机组成。主变压器使用油冷方式，牵引变流器使用成熟的 GTO 技术。异步牵引电机的功率为 550 kW，采用体悬方式，由万向轴传递牵引力，转向架上只有齿轮箱，较大地降低了转向架的簧下质量，改善了动力学性能。

二、主要部件、系统的组成及工作原理

1. 车　体

CRH5 型动车组采用铝合金车体，由 12 种与车体等长的铝合金挤压型材纵向焊接而成一个整体承载筒形结构，所用的铝合金型材为 6××× 系列轻型铝合金。CRH5 型动车组车体主要包括中间车和带司机室的头车两种车型。中间车是基础车，主要由底架、侧墙、车顶、外端墙、内端墙几大部件组成；头车由中间车演变而来，包括底架、侧墙、车顶、外端墙、内端墙、走廊墙和空气动力学端部结构几部分。

2. 转向架

CRH5 型动车组每节车厢下有两个转向架，均为二轴二系空气弹簧转向架。CRH5 型转向架一系悬挂装置采用拉杆轴箱定位方式，二系悬挂系统由上枕梁、空气弹簧系统、抗侧滚扭杆、二系横向减振器、二系垂向减振器、抗蛇行减振器、防过充装置、横向挡和牵引装置等组成；传动装置由齿轮箱万向轴、安全装置和体悬式电机组成，转向架与车体间采用“Z”字形双牵引装置，传递牵引力和制动力；基础制动采用轴盘制动。

动力转向架与非动力转向架的主要区别是：

（1）动力转向架有 1 根动力轴和 1 根非动力轴，而非动力转向架有 2 根非动力轴，动力轴上装有 2 个制动轴盘和 1 组齿轮箱。

（2）非动力轴转向架装有 3 个制动轴盘。

（3）动力转向架构架比非动力转向架构架在横梁上多了 1 个齿轮箱拉杆座。

3. 牵引传动系统

CRH5 型动车组牵引系统使用交直交传动方式，主要由受电弓、主断路器、牵引变压器、牵引变流器及牵引电机组成。25 kV 的高压交流电通过受电弓输送给牵引变压器，降压成 1770 V 的交流电。降压后的交流电再输入牵引变流器，逆变成电压和频率均可控制的三相交流电，输送给牵引电机牵引整个列车。牵引传动系统工作原理如图 6-3 所示。

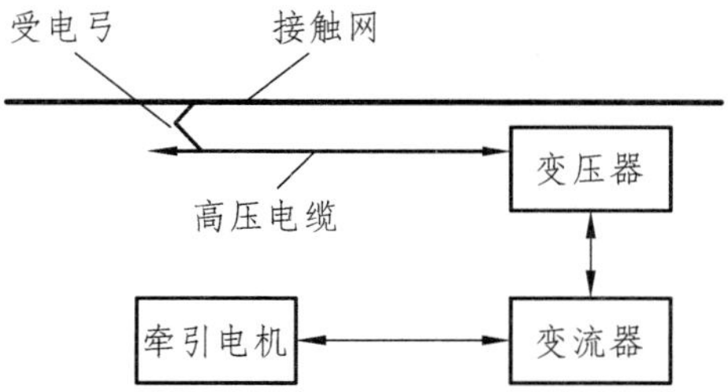

图 6-3　牵引传动系统工作原理

CRH5 型动车组牵引系统主变压器使用油冷方式，牵引变流器使用成熟的 IGBT 技术。异步牵引电机的功率为 550 kW，采用体悬方式，由万向轴传递牵引力。动车组有两个相对独立的主牵引系统单元，每个牵引单元配备一套完整的集电、牵引及辅助系统，以实现所需的牵引和辅助电路冗余。

4. 制动系统

动车组采用电制动和空气制动的复合制动。电制动在 25 km/h 以上速度工作，在接触网断电区实施电阻制动。电制动和空气制动采用连续工作方式，制动力的大小受司机制动手柄的控制。

动车组配备 2 个空气压缩系统，每个压缩机配备 1 套空气干燥系统。2 根风管连通全车，其中，制动风管用于空气制动的控制，压力保持在 5 kPa；主风管用于向所有连接到空气系统的设备供风（如制动系统、集便系统、报警风笛、轮缘润滑装置、撒砂机、收放式车钩和车内门等），压力保持 8 ~ 10 kPa；另为受电弓的升降各配备 1 台辅助压缩机。

制动控制有空气控制和电气控制两种。在实施制动时，操纵手柄动作会造成风管中压力的逐步减少，辅助风缸通过 UIC 分配器和继电器风门向制动缸加压。同时，一个电信号将通过电子制动控制单元发送给制动阀，造成制动管局部迅速排风。

5. 车钩及缓冲装置

动车组两端设有全自动车钩，车辆间由半永久车钩连接。车钩均采用密接式车钩，全自动车钩内有机械、空气、电气连接机构和通路，同时车钩头部的前表面和电气连接器都装备有加热器，当外界温度低于 5 °C 时，加热器启动。

自动车钩缓冲装置内装设有两种类型的缓冲元件，分别为气液缓冲器、金属环簧缓冲器。这种缓冲装置将气液缓冲器及环簧缓冲器的特点较好地集于一身，能够充分满足列车运行过程中小能量冲击的缓冲和意外碰撞事故大能量时的能量吸收。使用中，车辆间小能量多频次的冲击能量将由环簧缓冲器吸收，而具有较高冲击速度的意外碰撞将由气液缓冲器来吸收。

6. 旅客信息系统

旅客信息系统是分布于动车组上的分布式信息服务系统，主要由四个子系统构成，分别是旅客信息显示系统、公共播音系统、列车内部对讲通信系统以及音频、视频娱乐节目播放系统，系统采用集中控制方式。

CRH5 型动车组旅客信息系统（PIS）的主要作用是通过内外显示器为旅客提供列车的行车信息（列车车次时间表、车厢号、列车速度列车位置、到达车站等），车内外温度，由乘务人员编辑的信息，列车内部的广播、对讲、通信功能以及提供给旅客的娱乐功能（音频、视频娱乐节目播放等）。

7. 司机室

CRH5 型动车组两端设供司机操作的司机室。司机室为单司机操作模式，同机台为居中布置。CRH5 型动车组司机室框架上安装有一个用合成材料制成的空气动力学头部。这种空气动力学头部，除了保证列车不受飞来之物的侵害外，还可以安装风挡玻璃侧窗、前照灯和前端车钩开闭机构等部件。

8. 空调系统

每辆车配有一套独立的空调系统。空调装置由紧凑的单元式空调机组、司机室空调装置、废气排放单元、压力保护系统、调节和控制装置组成。单元式空调机组安装在车顶上，利用来自客室的废排空气满足厕所和通过台的通风，通过与废排风道直接相连的风道将厕所内的空气排出。各车的空调系统自成一个完整系统，端车司机室设有单独的新鲜空气供风口和空气循环。

在 CRH5 型动车组中，客室和司机室的供暖均采用电热空气预热，结合侧墙电加热辅助供热联合供暖的形式。其主要供热装置包括电热空气预热器和辅助加热器（电暖器）两部分。供热装置利用电流的热效应原理，基本结构组成为电热元件，电流流过电热元件发热并将热量传递给流过的空气，进而实现了对车内热量的供给。

空气预热器产生的暖气通过与冷气输送相同的风道送入室内，电暖器产生的热量则通过自然对流的方式，直接将热量散发到室内空气中。

第六节　牵引供电与机务、动车组（受电弓）接口关系

一、受电弓

受电弓是动车组（机车）上的集电器，通过受电弓滑板与接触线的滑动摩擦，接受来自接触网的电流。高速动车组受电弓应满足以下基本要求：

（1）受电弓的结构应保证滑板与接触导线在规定的工作高度范围内保持合适的接触压力，以实现可靠的连续电接触。

（2）除保证足够机械强度和刚度外，应尽可能降低受电弓运动部分的重量，从而减小运动惯性力，改善跟随特性，保证受电弓滑板迅速跟上接触导线高度的变化。

（3）在结构设计上要充分考虑高速运行时的空气动力学问题，尽可能减小甚至消除空气阻力对滑板与接触导线间接触压力的影响。

（4）滑板的材料、形状、尺寸应适应高速的要求，以保证良好的接触状态及耐磨性能。

（5）升降弓时初始动作迅速，终了动作较为缓慢，以确保在降弓时快速断弧，并防止升降弓时受电弓对接触网和底架有过大的冲击荷载。

（6）具有良好的空气动力学性能，减小高速运行时产生的噪声。

我国 CRH 系列动车组大量采用 DSA250 型受电弓，该受电弓为单臂受电弓，如图 6-4 所示。

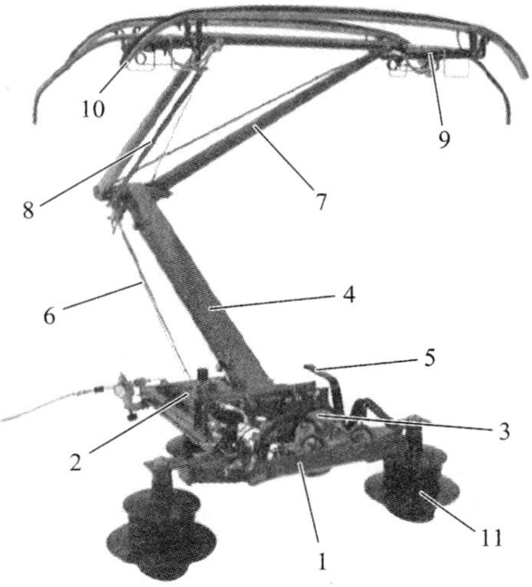

图 6-4　DSA250 型受电弓

1—底架组装；2—阻尼器；3—升弓装置；4—下臂；5—托架；6—下导杆；
7—上臂；8—上导杆；9—弓头；10—碳滑板；11—绝缘子

升弓装置安装在底架上，通过钢丝绳作用于下臂。下臂、上臂和弓头由较轻的铝合金材料结构设计而成。碳滑板安装在 U 形弓头支架上，弓头支架垂悬在 4 个拉簧下方，两个扭簧安装在弓头和上臂间，这种结构使滑板在机车运行方向上移动灵活，而且能够缓冲各方向上的冲击，达到保护滑板的目的。受电弓的空气动力学性能可以通过安装弓头翼片来进行调节。

二、受流技术

高速列车是靠电能驱动运行的，其电能是通过高速列车顶部设置的受电弓与接触网密贴接触而获取的。铁路上把受电弓从接触线获取电能的过程称作“受流”。

1. 列车受流过程

接触网受电弓系统的受流过程是受电弓在接触网下，以动车组速度在运动中完成的。受流过程是一个动态过程，包括了多种机械运动形式和电气状态变化。主要包括：

（1）受电弓相对于接触导线的滑动摩擦。

（2）受电弓上下振动。

（3）受电弓由于机车横向摆动而形成的横向振动。

（4）接触网上下振动，并形成行波沿导线向前传播。

（5）受电弓和接触导线之间发生的水平和垂直方向撞击。

（6）弓网离线发生电弧，受电弓受流中，电流发生剧烈变化等。

所以，弓网受流过程是一个复杂的机械电气过程。随着列车速度的提高，上述各种运动加剧，维持弓网之间的良好接触性能愈加困难，受流质量也随之下降，当列车速度超过受流系统的允许范围时，受流质量将严重恶化，影响列车取流和正常运行。

2. 弓网受流系统需要满足的基本条件

为保证高速列车运行的安全、可靠，高速铁路的受流系统必须符合以下的基本条件：

（1）保证功率传输的可靠性。

在高速列车运行的全部接触网区段，必须保证电力机车所需要的最低电压；在高速铁路所有可能的运营条件下，接触网受电弓系统的电流负荷能力必须保证高速列车的可靠运行。高速列车的电流负荷特性较之常规电力机车有较大的区别，其特征是脉冲负荷占的比例大、电流大、持续时间短。由于列车速度快，起动和加速获得电流很大，在弓网高速相对运动中，整个牵引供电系统均要适应高速列车对电压水平和电流负荷的要求。

（2）受流系统的运行安全性。

受流系统的安全运行是高速铁路正常运营的保证。高速受流系统的安全性主要通过以下几个方面得以保证：

① 接触网的几何参数（拉出值、导线高度、定位器坡度）保证受电弓滑板沿接触网安全地滑动。

② 接触网的性能参数（硬点、弹性、分相绝缘器、分段绝缘器和线岔结构的平滑性）不损坏受电弓的滑板乃至弓头。

③ 受电弓的自身性能（受电弓滑板的抗冲击性、耐磨性、横向刚度）。

④ 接触网受电弓的匹配性能（离线、接触导线抬升量、接触导线的弯曲应力）。

（3）良好的受流质量。

受流系统的理想运行状态是弓网可靠接触，机车不间断地从接触网上获得电能。运行状态的性能参数为无离线、无火花。实际线路中，离线率要尽量小，系统具有动态稳定性。

（4）保证受流系统的使用寿命。

受流系统中，涉及使用寿命的两个主要因素是接触导线的使用寿命和受电弓滑板的使用寿命。其寿命取决于它们之间的磨耗，磨耗量在一定速度和传递功率条件下，主要取决于弓网接触力的大小，保持接触力均匀，即控制接触力的标准偏差以减少接触导线的局部磨耗。接触导线和受电弓滑板在材质上应具有一定的耐磨性能，另外，接触导线应具有抗电化学腐蚀性能。

（5）减少对周围环境的影响。

受流过程中，产生的电弧会产生电磁干扰和噪声，应采取措施减少对周围环境的影响。

在高速列车运行过程中，应保证受电弓与接触线始终保持密切接触。一般用离线率来评价受流质量的好坏。离线发生次数越多，时间越长，表明受流质量越差。

我国高速线路的离线率应取 5%以下。京津城际铁路要求离线率低于 0.14%，离线时间小于 100 ms。

三、接触网与动车组（受电弓）接口

（一）接触网与动车组（受电弓）接口的内容

1. 几何关系是弓网安全运行的基础

（1）主要技术参数：跨距、拉出值、始触区、无线夹区、导高及其变化率、受电弓有效工作宽度和高度、受电弓动态包络线等。

（2）工作质量要求：

① 在设计环境条件和允许机械偏差下，工作支接触线和受电弓在水平方向上的相对位移不得导致接触线脱离受电弓弓头的有效工作区域；在设计最高速度运行情况下，接触线应始终处于受电弓的有效工作宽度范围内。

② 在设计环境条件和允许机械偏差下，接触线的架设高度及其变化率符合相应运行速度要求。最低高度与车辆高度、最小空气绝缘间隙和受电弓的最低工作高度相适应；最高高度与受电弓最大工作高度相适应。

③ 在设计环境条件和允许机械偏差下，接触网上的所有零部件的空间位置均不得侵入受电弓动态包络线所规划的空间内。

2. 电气关系是弓网安全运行的核心

弓网电气关系是指接触线与滑板这对电气组合在材料性能、电气指标上的匹配关系。

主要技术参数：接触线和滑板的最大允许通过电流、电阻率、接触电阻、散热性能和电磨耗等。表明弓网电气关系的基本参数有载流量、最大允许电流、电磨耗等，核心问题是保证弓网间电能传输的稳定性和安全性，保证接触线与滑板这对电气组合在材料性能、电气指标上的匹配，保证弓网在相互高速运行中或相对静止两种工作情况下的电气稳定性和合理的电气磨耗。

3. 机械关系是弓网安全运行的关键

弓网机械关系是指受电弓与接触网的动态匹配关系，它研究的是高速运行下的受电弓与接触网间的动态匹配和动态稳定性问题。

主要技术参数弓网接触力、弓网振动特性接触网波动特性、受电弓追随特性等。

影响弓网机械关系的因素多而复杂，它涉及受电弓（包括车辆）、接触网、线路以及环境等四大方面。就弓网系统本身而言，影响受流稳定的因素就有接触网波动和振动、单弓取流和双弓取流的谐振速度等。波动速度及单弓取流的谐振速度与受电弓参数关系不大，主要取决于接触网的结构与参数，而双弓受流的谐振速度与受电弓安装间隔密切相关，具有较大的可变性。另外，路基及桥梁特性、接触线和钢轨的不平顺度、风速和风向、覆冰等都直接影响弓网系统的振动。

4. 弓网接口之材料匹配

从受流角度看，用纯铜或铜基合金构成接触导线和受电弓滑板系统为最佳方案。但相同材料进行匹配会引起严重的黏着磨损，并非最佳方案，而接触网的特性决定了接触导线应是以纯铜或者铜合金材料为主的长大件，无更多的选择。因此，为增加弓网系统的使用时限，减少接触线和受电弓滑板间的磨耗，寻求滑板与接触线间的最佳匹配关系的重任就只能由尺寸较小、试制容易的受电弓滑板来承担了。同一线路应采用同种材质的滑板，否则，金属滑板会使接触网导线粗糙，从而缩短石墨滑板的寿命。在使用情况下，如遇下雨，其寿命会更短。这是因为附着在接触网导线上的石墨随雨水流失的缘故。

（二）动车组（电力机车）自动过分相

随着高速铁路的发展，列车通过电分相的时间越来越短。而我国传统的电力机车过分相技术是在车上手动切换，电力机车通过分相区时，机车乘务员必须按照线路上设置的断合标志进行操作。这种手动操作通过分相区的主要问题是：一方面影响了行车速度，另一方面不仅耗费司机精力，增加劳动强度，而且过多的分散了司机行车的注意力，行车安全完全依赖于机车司机的注意力技术水平，没有技术设备保障，对行车安全极为不利。为此，发展自动过分相技术势在必行。

目前自动过分相技术的实现方法主要分为：地面自动装换电分相、柱上断载自动转换电分相装置及车载断电自动转换电分相装置。

1. 地面自动转换电分相装置

地面自动转换电分相装置原理如图 6-5 所示，电分相处设置 JY1、JY2 两处绝缘，一般由锚段关节式电分相实现，绝缘间是中性区。在 JY1、JY2 两端跨接两个真空负荷开关 QF1、QF2，当机车从 A 相驶来，到 CG1 时，开关 QF1 闭合，中性段接触网由 A 相供电，机车通过 JY1 时，JY1 两端等电位；机车到达 CG3 时，QF1 断开，QF2 迅速闭合，完成中性段供电的换相变换，机车在此过程中可以不用任何附加操作；待机车驶离 CG4 处时，QF2 断开，装置恢复原始状态。反向行驶时，由控制系统控制两个开关以相反顺序轮流断开和闭合。

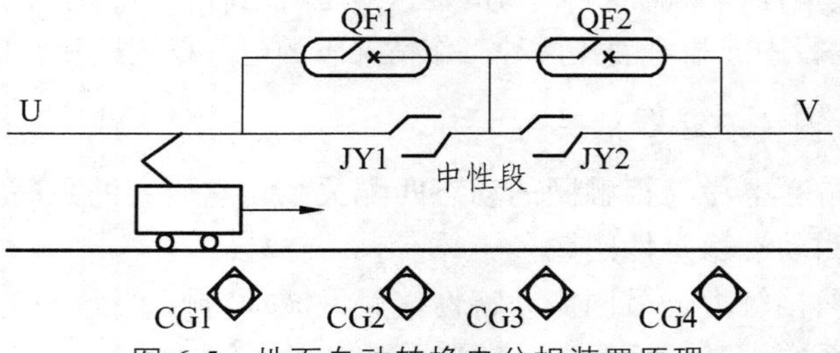

图 6-5　地面自动转换电分相装置原理

这种自动过分相装置的优点在于：接触网无供电死区；无须司机操作；机车上主断路器无须动作，自动切换时接触网中性段瞬时断电时间很短，而且时间与列车速度无关，可适用于 0～350 km/h 速度范围，在行车中可能出现的限速、一度停车等情况下机车均能正常工作。

2. 柱上断载自动转换电分相装置

柱上断载自动转换电分相装置的基本原理如图 6-6 所示，图中 L1、L2 为磁控线包，K1、K2 为真空灭弧室，MOA 为过电压吸收器，x～y 段为中性绝缘滑道，2、3 为两个分段绝缘器。假使机车由左向右行驶，由 U 相驶入，依次经过 ab、cd、xy、ef、gh 各区段进入 V 相。当机车行驶到 2～x 区段带电。当机车驶过 2 以后，离开了控制线包受流区，进入 K1 供电的分断区，真空灭弧室分闸，机车断载。此时机车不带电通过 2～3 间电分相的 x～y 主绝缘区。过了 3 以后，机车通过 V 相的受流线包 L2 得到 V 相的电流，经过 4 以后，由 V 相供电。机车反方向行驶时，同理，依次由 V 相过渡到 U 相。

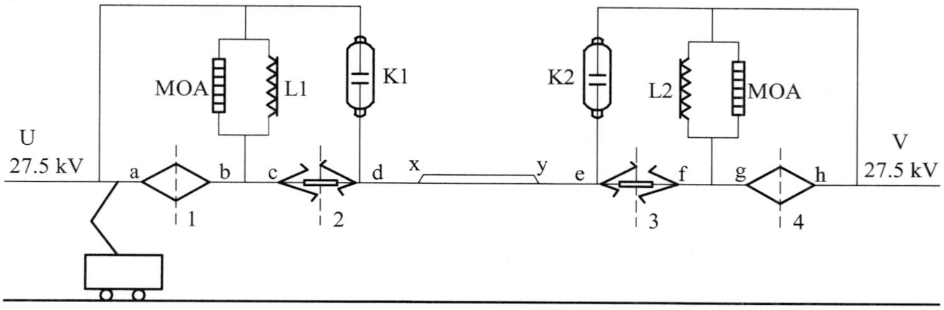

图 6-6　柱上断载自动转换电分相装置基本原理

这种方法的优点在于：比地面过分相结构简单，真空开关设备装载支柱上无须设置分区所，供电死区（2～3）比现有的分相区短，无须司机操作，机车上的主断路器不需要分段。

3. 车载断电自动转换电分相装置

车载断电自动转换电分相装置，是在电力机车控制室内及电分相区域安装必要的装置和设备，以至于不需要人为干预而实现电力机车自动转换的电分相装置。

车载断电自动转换电分相装置包括四种设备：

（1）地面感应装置，简称地感器，它安装在电分相区域中的相应位置，能准确为电力机车进行断电过电分相提供准确的位置信息。

（2）车载感应接收装置，又称信号接收器，它是安装在电力机车上，专门用于接收地感信息的装置。

（3）主电路设备，它是实现过电分相时断开、分合主电路电源的主体设备。

（4）控制设备，它是实现自动化及智能化的主体设备。

其地面感应器布置如图 6-7 所示。4 个地面感应器为钕铁硼永磁体，磁铁一般预制在水泥块内部或封装在工程塑料内，然后骑跨式固定在铁轨端部，上表面低于钢轨面 15 mm，中心离钢轨内侧面水平距离为 250 mm。车载感应接收器装在机车两端排障器下方的两侧位置，用于接收地面感应器信号，该装置基本不用维护。

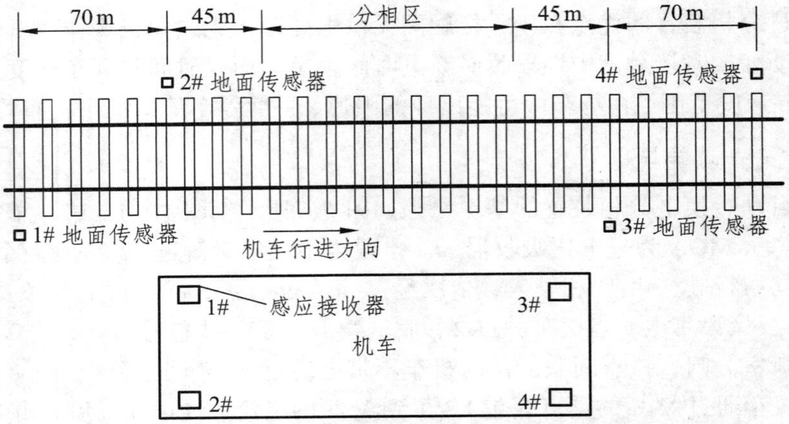

图 6-7　车载断电自动转换电分相装置的地面感应器布置

机车按照图示方向行进时，2 #、4#车载感应装置应可靠接收到 1#地面感应器的信号，这个信号为预备信号，控制装置做好断电准备；在机车继续前进时，1 #、3 #车载感应装置应收到 2 #地面感应器信号，这时，控制装置立即执行断电过分相动作；2 #、4 #车载感应装置经过 3 #地面感应器后，恢复机车正常运行。

车载断电方式机车设备情况和地面设备情况如图 6-8 和图 6-9 所示。

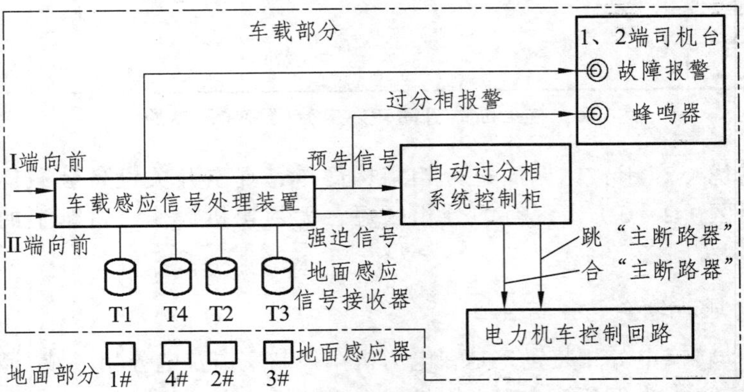

图 6-8　车载断电方式机车设备情况

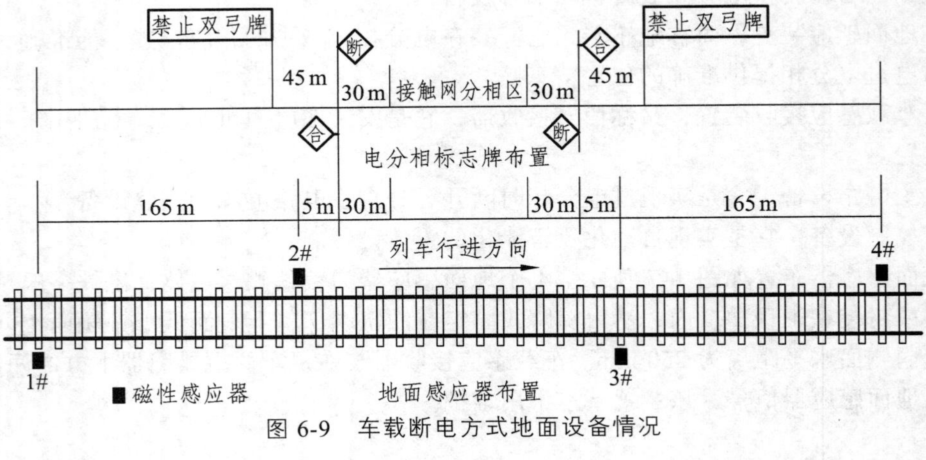

图 6-9　车载断电方式地面设备情况

1#、2#地面感应器间的距离 = 列车设计最大运行速度 × 主断路器断开前系统响应时间

该方案的优点是：

（1）投资最低，仅需解决过分相的预告信号问题。

（2）主断路器只分断辅机的小电流，而不需要分断牵引电机电流，因而对主断路器电寿命影响不大。

（3）过分相区后能自动控制电流上升率，不会有冲击电流，对列车造成的冲动也比较小，提高了乘客的舒适度。

（4）过分相的自动控制与列车速度无关，可适应低速、常速、准高速和高速的要求。

（5）预告信号的检测采用了 2 套冗余，所以使用可靠，没有发生过问题。

（6）无须人工干预。

（7）可以适应多弓的列车。头车在接收到分相预告信号后，发出命令到其他动力车，使各动力车几乎同时封锁脉冲和断开主断路器，由各车自己判断是否通过了分相区。这样合主断路器命令是相继发出的，因而可以减少整个列车牵引力的损失。

（三）动车组（电力机车）带电过分相后的处理

（1）动车组（电力机车）一旦发生带电过分相，司机应立即报告调度员或车站值班员，严禁隐瞒不报或盲目行车。列车应在前方站停车，随车机械师（电力机车司机）对受电弓状态进行外观检查。必须登车顶检查时，应按规定办理停电手续。司机负责将检查处理情况报告列车调度员或车站值班员。

（2）列车调度员得到动车组（电力机车）发生带电过分相信息后，应立即通知设备管理单位（供电段调度）做好接触网断线的抢修准备，并出动抢修人员对该分相附近的接触网设备进行现场检查确认。在接触网重合成功、抢修人员未到达现场期间，列车调度员对通过该分相的列车应采取临时降弓措施，且通知司机加强瞭望，降弓通过，降弓地点为该分相的断电标至合电标之间（具体里程由供电调度提供）。

（3）设备管理单位抢修人员到现场后应认真检查接触网状态，发现分相绝缘区设备烧伤或其他异状时，要及时提出处理方案，并立即向供电调度和列车调度员（车站值班员）进行汇报。降弓维持运行期间，设备单位必须派人在现场盯控，及时反馈信息，防止隐患扩大。

第七章　牵引供电系统的环境接口

第一节　电磁环境的协调

高速铁路一般采用通信容量大、保密性强、不受电磁干扰的光通信，但由于光波的不可分歧性，诸如红外线计轴、道口电话、区间电话等铁路区间的信息传递仍离不开架空明线或电缆。由于牵引电流的成倍增加，对弱电的电磁干扰将加大，其危险影响的防护还须加强。在干扰防护要求高的大城市及通信局站、计算中心、大量市话电缆集中的地区可以采用 AT 或 BT 供电方式，而对防护要求不高的地区则尽量采用投资低的带回流线的直接供电方式。

1. 电气化铁路的主要电磁干扰源

（1）钢轨中的不平衡牵引回流、瞬间脉冲电流及谐波电流；

（2）牵引网系统的感性、容性耦合对传输电缆的干扰；

（3）沿线及站场固定电气电子设备（自动闭塞设备、调度集中设备、计轴设备、联锁设备、电源设备、信号监测系统等）受电力系统的放射、耦合、回流地电位等的影响；

（4）机车信号等受电力机车强电设备的电、磁、电磁放射源的影响。

2. 电磁干扰主要防护方法

电磁干扰与负荷电流的大小、供电方式、机车类型、弓网关系等方面有关，可采取以下配合措施，减少电磁干扰：

（1）采用适当的供电方式；

（2）改善弓网性能；

（3）抑制高次谐波放大。

3. 综合接地

为了减少甚或消除电力牵引负荷对三相电网的不利影响，最大限度地降低负序和谐波对电力系统的干扰，减少接触网的电分相，使牵引供电的电能质量得到根本改善，电气化铁路综合接地系统采用全线敷设贯通地线的方式，以贯通地线、钢轨、接触网、保护（PW）线为纵向骨架，通过横向连接、分支连接等构成立体的接地网络。除另有规定和特殊要求的设备（或系统）地线外，铁路线路两侧的电话、电力、通信、信号、车辆等专业的设备及其他金属构筑物的地线，使用一个总的接地体。为便于铁路沿线设备及器材就近接入综合贯通地线，高速铁路沿线上、下行铺设两根综合贯通地线。

在电气化铁路中，牵引网的接地系统一般采用单设贯通地线的综合接地系统，保护线和钢轨每隔 1 km 左右与综合地线相连接。它统一考虑各类电气设备的工作接地和安全接地，减少不同系统之间由于地网而引起的相互干扰，并可提供安全、可靠和稳定的接地效果。

综合接地范围包括：

（1）沿线信号设备的安全地线和屏蔽地线、工作地线；

（2）沿线长途通信电缆地线、电缆槽支架、漏泄电缆悬吊钢索等的屏蔽地线；

（3）电力电缆的金属外皮；

（4）路基地段接触网的回流线（或 PW 线）通过吸上线接到信号轨道电路的完全横向连接的空心线圈中点或扼流变压器的中点，再通过完全横向连接线或扼流变压器的中点接入综合贯通地线；

（5）距接触网带电体 5 m 范围内的金属结构（桥梁、隧道、栅栏等）必须接地，其地线可接入综合贯通地线。

贯通地线的截面面积必须满足接地电阻≤1 Ω 的要求，材质应具备：良好的导电性能；电缆外护层必须有较好的防腐、防水、防氧化、防污染及防电化学腐蚀等性能，满足电缆可靠性和安全性要求；电缆必须有较高的机械性能及抗冲击能力，能适应铁路剧烈振动的环境；为便于施工，电缆必须有一定的柔软性。

4. 噪声干扰

弓网滑动和离线会产生噪声干扰，日本高速测量表明：弓网噪声占总体噪声的 20%～35%，其中离线电弧产生的噪声较大，最高达 100 dB；列车在曲线区段行驶或减速时，弓网间噪声强度比加速时高 15～20 dB；无线电噪声与电源频率同步时，噪声会周期性产生，每一周期的噪声是一组数十微秒至数毫秒的脉冲群，其持续时间与列车运行情况有关，在电视画面上的干扰也大不相同；接触网的射频干扰源主要是弓网离线。因此，减小离线率也是防止弓网噪声干扰的重要手段。

第二节 接触网与大气环境的协调

接触网是露天电气设备，存在空间环境、气候环境、电磁环境、运营环境、施工环境的复杂性。

大气温度、湿度、冰雪、大风、大雾、污染、雷电等对接触网的线索弛度、线索张力、悬挂弹性、空间姿态、绝缘强度、载流能力、磨耗关系、支柱负载都存在严重影响。

一、大气温度对接触网的影响

大气温度对接触网的影响如表 7-1 所示。

表 7-1 大气温度对接触网的影响

序号	项 目	对接触网的影响
1	环境最低温度 （最低工作温度）	1. 非恒张力导线最大负弛度； 2. 状态方程的起始条件； 3. 接触线无弛度时的温度； 4. 吊弦、腕臂、定位器处于最佳工作位置时的温度； 5. 支柱容量； 6. 各类安装曲线
2	环境最高温度	1. 非恒张力导线最大正弛度； 2. 接触网设计最高计算温度
3	最高计算温度 （最高工作温度）	1. 各类安装曲线； 2. 吊弦、腕臂、定位器处于最佳工作位置时的温度； 3. 导线最大允许载流量
4	最大风速时温度	1. 非恒张力导线的张力和弛度； 2. 支柱容量； 3. 各导线间的绝缘间隙
5	最厚覆冰时温度	1. 状态方程的起始条件； 2. 最大附加荷载时附加导线张力，支柱容量
6	吊弦、定位器最佳位置时温度	安装曲线、锚段长度等
7	导线软化温度	导线安全性，导线的机电性能

温度变化时常用的措施及要求如下：

（1）气温急剧变化，主要通过 2C 巡视及分析观察设备状态；

（2）利用周期修对隧道口、站场线索交叉处，补偿滑轮间距及 *a*、*b* 值进行测量；

（3）利用天窗点对补偿装置进行检查，对线岔进行测量。

（3）研究表明：接触线运行应力为 100~130 N/mm^2、加热到 120 ~ 140 °C 时，抗拉强度和弹性极限不会发生突变，此时可能导致接触线损坏的主要原因是塑性变形和低温材料蠕变，关注点在过度磨损处、受流组件中的热损伤处以及有缺陷的电连接处。接触线运行应力超过 130 N/mm^2、温度在 100 ~ 140 °C 时，电解铜接触线中的微结构变化开始发展，在此种条件下，30 min 之久并没有明显变化；在电流出入导线处（如电连接点、接触线滑板接触点）可以发生接触线微结构的极度变化；120 ~ 140 °C 的温度可能导致塑性变形的累积，将抗拉强度降至 275 N/mm^2 以下，0.2%屈服强度降至 230 N/mm^2。

二、风对接触网的影响

空气流动形成风，风的物理指标有风向、风速或风力。风向用 16 个方位记录；风速是气流在单位时间内移动的水平距离，单位为 m/s；风力是风作用于物体表面所形成的机械压力，单位为 kN/m^2（kPa）。

地表对风的作用称为约束。约束有垂直约束和水平约束，垂直约束发生在风爬过山岳时，水平约束发生在山口和山谷地带。约束会使风速增加 50%左右。

风洞试验表明：线路路堤对风存在垂直约束，致使风速增加，在接触悬挂附近，风速可达到平地同样高度风速的 1.2 ~ 1.5 倍，风攻角可从 10°增大到 15°；在森林、都市等处，摩擦会使风速减弱，30 m 宽的防风林可使风速减小 20% ~ 40%，60 m 宽的防风林可使风速减小 50%左右。

一般而言，1 ~ 2 级风有利于接触网散热，4 ~ 6 级风较易使接触网产生振动，6 级以上风会给接触网支柱和线索增加较大的机械负荷。

接触网产生振动的原因较为复杂，与风速、覆冰、地理环境、接触网结构都有关系。简单说来，主要是气流在架空导线后部（对风向而言）和上、下部形成涡流气旋，当风向与导线垂直时，这些涡流气旋就会周期性上下交替地作用于导线上，使导线在垂直面内上下振动。当振动频率与接触网固有频率接近或相同时，接触网就会产生共振现象，俗称为接触网舞动。

舞动会对接触网造成较大的破坏，严重时会使导线从线夹中脱落，甚至造成线夹断裂、断杆、断线。舞动（左右摆动和上下振动）还可能造成接触网电气故障。

鉴于舞动对接触网的破坏性，接触网工程设计时应尽量让接触网的固有频率避开风振频率。风速的选取是接触网工程设计的一项重要工作，除遵循广泛调研、翔实资料、客观科学的原则之外，还应注意以下两点：

（1）接触网的线索和设备必须能够承受所在区域 50 年一遇的特大强风。在此风速作用下，接触网线索和设备不会被破坏；大风过后，能在最短时间内恢复正常工作状态。这样的风速可称为“基本结构风速”。

基本结构风速主要用于接触网线索和支持结构的荷载校验计算，是确定接触网线索和设备的机械强度及安全系数的理论依据之一。按照《建筑结构荷载规范》规定，基本结构风速应为当地空旷平坦地面上 10 m 高度处 10 min 平均的风速观测数据，经概率统计出的 50 年遇的最大风速值。高速接触网的结构设计风速一般按 50 m/s 取值。

（2）在一定风速作用下，接触线不会因风的作用脱离受电弓滑板的有效工作范围。也就是说，在一定风速条件下，列车能按某一设计速度正常运行，这一风速可称为“基本运行风速”。基本运行风速是保证电气化铁路正常运行的最高风速，当实际风速大于基本运行风速时，列车就应降速运行甚至中断运输。基本运行风速也是确定接触网最大许可跨距和跨中最大风偏的主要理论依据之一。高速接触网的基本运行风速一般按 35 m/s 取值。

在隧道内，根据高速铁路试验和运营数据，当行车速度等于或者大于 140 km/h 时，应按基本结构风速设计和校验隧道内接触网结构和设备的机械强度。

大风天气常用的应对措施如下：

（1）加强日常对高大建筑物、简易房屋、废品站、铁皮、施工杂物、横条幅的巡视、固定并清除。

（2）利用接触网安全巡检装置（2C）对线路两侧危树、异物、隧道口杂草、重点设备及防洪区段等处所进行检查分析。

（3）当接触网上下振幅不大于 200 mm 或左右振幅不大于 150 mm 时，可采取电力机车动车组限速 45 km/h 通过振动区段，否则应适时采取降弓通过振动区段。当振动区段过长，无法采取降弓通过时，应采取内燃机车摆渡方案组织行车。因接触网振动导致设备缺陷，无法保证受电弓安全运行时，应立即停电处理。

（4）大风或台风结束后，要对线路进行一次全面巡视。

设计改进建议：

（1）山口、谷口、高路堤和桥梁等风口范围内，跨距应比设计选用标准缩小 5～10 m，且不宜大于 50 m。

（2）各部螺栓应按标准力矩紧固并有可靠的防松措施。

（3）减小结构高度，加装腕臂支撑、定位管支撑及防风拉线。

（4）坠砣限制导管可采用双管或带导向轮形式。

（5）附加悬挂可适当增加张力，柱顶安装应加固或改为支柱外侧肩架固定，正馈线、供电线采用绝缘子 V 形固定。

三、覆冰对接触网的影响

1. 冰雪对接触网的破坏作用

冰雪对接触网的破坏作用主要表现在以下几个方面：增加支持结构和线索的垂直荷载，加大线索弛度；增加支柱与基础的扭矩，严重时会造成支柱变形、基础下沉；增大导线迎风面积，致使导线的水平荷载随之增加；导线在覆冰作用下会存在纵向静力不平衡，产生纵向荷载，使导线在线夹内滑动。不均匀覆冰产生的张力差是静负荷，线索断口有缩颈现象；不同期脱冰产生的张力差是动负荷，线股断口无缩颈现象。脱冰也可能使导线产生跳跃现象。当覆冰不均匀覆在导线上自行脱落和被击落时，导线悬挂（或定位）处会产生很大的冲击荷载，造成导线脱落、线夹断裂。覆冰在导线表面的不同积聚形状会增加导线对风振动的敏感性，产生振动荷载。在风作用下较易产生舞动，覆冰导线的低频高幅舞动会造成金具损坏、导线断股、相间短路及杆塔倾斜或倒塌等严重事故。绝缘子覆上冰雪后，绝缘强度下降、泄漏距离缩短；融冰时，绝缘子的局部表面电阻增加，容易形成绝缘子闪络事故，闪络发展过程中持续的电弧会烧伤绝缘子，引起绝缘子绝缘强度降低。

2. 覆冰天气常用的应对措施

（1）采取封堵、引流等措施，消除桥隧、明洞、站房等上跨构筑物漏水点，避免冬季在接触网设备上方及附近安全距离内形成结冰点。

（2）收到取流不畅的消息后，查看固定视频装置（2C、3C、5C），掌握结冰、覆冰、挂冰凌情况。

（3）局部覆冰严重时，开通动车前，利用电力机车受电弓停电和带电产生电弧融化接触线上薄冰。

（4）大面积覆冰严重时，可停电人工除冰，不可敲打接触线，避免接触线产生硬弯。

3. 接触网的防冰、除冰技术

中国除海南等个别省市外，绝大部分地区最低温度低于 0 °C，很多北方地区的最低温度甚至低于 – 20 °C，90%以上的电气化铁路在冬季会出现覆冰或有出现覆冰的可能性，尤其是在山区、湖泊、长大隧道等易结冰区段。目前在长大隧道处，覆冰危害非常突出。

近年来，中国电气化铁路快速增长，客运高速和货运重载铁路大规模建设，一些新的电气化铁路线路很可能要穿越高寒、高湿和高海拔地区。在这些易发生覆冰的区域，接触网覆冰灾害问题将更加突出。如何保障调速列车在各种恶劣的环境中安全、可靠、全天候运行已经成为研究热点，接触网防冰除冰技术受到广泛的关注。

（1）机械除冰法。

机械除冰法以人工除冰为主，国内电气化铁路线主要采用该方法清除接触网导线覆冰。该方式虽简单，但需要占用大量的人力，耗时长、效率低下、安全性较差，且接触网覆冰时往往环境条件恶劣，给工作人员造成了很多困难。

（2）接触网热滑方法。

该方式主要用于地铁中，当覆冰的严重程度超过警戒值时，在地铁线路营运前 1 ~ 2 h 使接触网带电，列车以较慢的速度运行，使受电弓与接触线慢速摩擦，清除覆冰。

（3）焦耳热法。

焦耳热法主要包括交流融冰和直流融冰两类方法。直流融冰法需要增加整流装置，因而在电气化铁路中尚未应用。目前已应用的交流融冰法有以下两种：

内置绝缘阻性丝：法国阿尔斯通、日本日立公司利用该技术特性开发了接触网除冰系统，并应用于日本、法国、韩国、英国的铁路、电车系统中。中国哈尔滨地铁接触网也采用了阻性丝加热除冰的方法。

串联小电抗或小电阻法：这是国内目前主要采用的交流融冰方式。高速铁路 AT 牵引供电系统与电力系统不同，它沿线存在着 AT 变压器，在进行融冰试验时，不仅要考虑牵引变压器的容量，同时也要考虑沿线 AT 变压器的容量，不能简单地采用短路法产生大电流，目前主要采用电抗或电阻作为负载。

（4）在线防冰技术。

接触网在线防冰和在线融冰的指导思想，是实现防冰、融冰的同时不影响行车。目前的主要技术思想是采用配对 SVG 产生无功潮流，电流流经接触网而不进入牵引变压器。

四、雷电的影响

雷电是雷云之间或雷云对地面放电的一种自然现象。雷云对地放电虽然少，但对接触网系统而言，雷电事故均来源于此，该放电过程可分为三个阶段。

（1）先导放电阶段。由于静电感应，雷云电荷在地面感应出异性电荷，两者之间构成一个巨大的空间电容器。当雷云中的电场强度达到 25 ~ 35 kV/cm 时，空气开始游离，成为导电通道，称为雷电先导。雷电先导分上行先导和下行先导。

（2）主放电阶段。地面异性电荷经过先导通道与雷云电荷发生强烈中和，瞬时产生极大电流并发出光和声。主放电阶段一般为 50 ~ 100 μs，电流可高达数十万安培。

（3）余辉阶段。主放电阶段结束后，雷电中的残余电荷继续经放电通道泄流。余辉电流一般为 100 ~ 1000 A，持续时间一般为 0.03 ~ 0.15 s。

雷击对接触网的破坏作用可分为一次效应和二次效应作用。一次效应是直接雷击接触网承力索、接触线或附加导线等，使接触网产生很高电位，引起过电压，流过数十万安培电流，导致接触网设备或支柱烧损。二次效应是感应雷击或雷电反击造成的破坏。感应雷击是雷电作用在接触网附近，雷击放电产生强大的变化电磁场，使得磁场内的接触网产生感应过电压。

雷电反击是雷电作用在接触网支柱上，在支柱上产生冲击电压，并在接触网上产生感应过电压。二次效应的电压可达数十万千伏，引发接触网跳闸或绝缘子闪络。

雷电影响常用的措施及要求如下：

（1）定期检查避雷器计数器泄漏电流监测情况。

（2）增加检查避雷器接地状态、接地状态的次数，综合贯通接地电阻测量≤1 Ω。

（3）Ⅲ、Ⅳ级污秽区段、重雷区以及高路堤、高架桥、隧道口等重点地段的接触网应增设氧化锌避雷器。

（4）增设独立避雷线。

（5）改造既有保护线兼作避雷线。

五、大雨天气的影响

雨季实行降雨量警戒制度、添乘检查制度，大雨容易造成树木倾倒、山泥倾泻等。

针对大雨影响常用的措施及要求如下：

（1）通过雨量监控终端，对现场降雨量实施监控，调度发布路局命令。

（2）应急预案启动后，防洪应急料具上车，轨道车热备。

（3）达到出巡、慢行警戒值时，专业技术人员添乘动车观察设备。

（4）达到封锁警戒时，调度发布命令，轨道车出动上线巡查。

六、雾雪天气的影响

雾雪天气，大气中的污秽物较多且不易扩散，容易造成绝缘子闪络。

针对雾雪天气影响常用的措施及要求如下：

（1）根据污秽等级适当选用合适的复合绝缘子或增加绝缘子爬距。

（2）根据污秽等级缩短绝缘清扫周期。

（3）Ⅲ、Ⅳ级污秽区段建立绝缘污秽监测领示点，定期对领示点绝缘子进行附盐密度测试，潮湿隧道的绝缘部件参照 III 级及以上污秽等级管理，并进行湿度监测。

（4）雾雪天气应尽量减少接触网停电作业，减少闪络的发生概率。

常用的应急处置方法如下：

（1）雾雪天气预案启动后，汽车、轨道车随时出动，机具料具状态要保持良好并上车。

（2）出现大批量绝缘子闪络时，要组织人员成批清扫绝缘子。

（3）当确认为机车故障引起跳闸时，应换弓试验，确认故障机车，通知不得自行升弓，等待救援。

七、周边环境对接触网的影响

周边环境影响主要有：施工楼盘、异物、危树、鸟巢、彩钢瓦、上跨电力线、跨线桥等。

1. 对施工影响的常用处理措施

恶劣天气前后增加巡视频次，大风天气来临之前要对施工点轻飘物进行清理和固定，善于叫停，在施工协议签订前建议施工单位安装施工监控视频。

2. 对异物影响的常用处理措施

大风将孔明灯、风筝、彩钢瓦、塑料布、反光膜等异物刮到铁路供电接触网上的事情多次发生，严重影响高铁动车组列车运行，严重时造成接触网断线事故。

针对异物影响常用的措施及要求如下：

① 利用 2C 加强添乘，对路外村庄、民房检查记录轻飘物或彩钢瓦等易飘物处所。

② 深入沿线各车站、村庄并借助地方力量，加强宣传孔明灯、风筝等异物对供电造成的危害。

③ 利用动车组添乘或汽车出动确认异物处所并进行处理。

④ 当异物长度大于 3 m、尾部距线路高度低于 3 m 时，必须申请本线封锁、邻线限速 160 km/h 及以下，采取接触网停电处理；当异物长度小于 3 m、尾部距线路高度高于 3 m 时，判断异物处理过程中不会造成短接跳闸且可以使用异物杆进行处理的，申请本线封锁、邻线限速 160 km/h 及以上，间接带电处理。

3. 对危树影响的常用处理措施

① 利用 2C 或人工添乘对线路两侧的危树进行排查统计建档。

② 对触及或倾倒后触及接触网设备，以及在风力作用下引起接触网带电设备接地的树木均应清理。

③ 暂时不能砍伐的，应采取修枝、削顶等措施，确保树木倾倒后与接触网设备距离不小于 2 m。

4. 对鸟巢影响的常用处理措施

每年春季，候鸟北飞繁殖，鸟类会在供电支柱、硬横梁、腕臂、补偿支柱下锚等部位筑巢，因鸟巢造成接触网停电跳闸的故障时有发生。

鸟害多发季节，各铁路局集团公司应把鸟害整治作为工作重点，加密巡查频次，做好 6C 装置巡检数据分析和人工添乘检查，及时发现和处置鸟巢隐患。具体措施如下：

① 鸟巢清除、驱鸟装置安装及其状态检查应同步实施。

② 鸟类筑巢高发期适当增加 2C 或人工添乘频次。

③ 带电设备上方硬横梁、带电设备附近钢柱、棘轮补偿底座处可采用局部封堵措施。

④ 重复筑巢的处所，更换不同类型的驱鸟器或多种并用，提高防范效果。

⑤ 对于搭建在接触悬挂正上方的硬横梁、隔离开关、避雷器、跳线肩架、腕臂底座、AF/PW 下锚、隧道口 AF/PW 下锚等位置的鸟巢清理，一般建议在 24 h 内完成；鸟巢距带电设备小于 500 mm 或正在筑巢过程中小于 1000 mm 时，建议立即申请天窗进行处理；鸟巢距带电设备为 500 ~ 2000 mm 时，建议在当日天窗进行处理；鸟巢距带电设备在 2000 mm 以外的，对供电安全没有影响的，建议加强观察，结合检修计划一并处理。

5. 对跨线桥影响的常用处理措施

① 与管内跨线桥管理单位取得联系，建立相应的跨线建筑物台账，并尽量拆除跨线建筑物上的排水管。

② 加强日常巡视，特别是加强雨中巡视。

③ 对已建跨线桥或者在建跨线桥，要求产权单位对桥面上设有的缝隙进行封堵，防止异物、杂物或施工遗留物掉落接触网，导致烧断线。

6. 对跨越线影响的常用处理措施

① 与管内跨越电力线路管理单位取得联系，并建立相应的跨越线档案。

② 对 35 kV 及以下的电力线积极联系拆除。

③ 定期对跨越线进行巡检，重点对线索状态、支柱基础进行检查确认。

7. 对周边污染源的常用处理措施

① 每年对接触网线路周围 2 km 以内的所有污染源进行调查，确认污秽等级，明确绝缘部件监测、监控及清扫周期。

② 缩短绝缘子清扫周期。

③ 污秽严重区段，更换复合绝缘。

第八章　牵引供电与房建的接口

第一节　房建设备简介

铁路运输房建设备（简称房建设备）是指为铁路运输服务的房屋、构筑物及附属设备。

一、房建设备分类

房建设备按照用途的不同分为三类。

1. 一类房建设备

（1）设计速度（含既有线提速）200 km/h 及以上铁路站房及附属设备，以及站台雨棚、旅客天桥、旅客地道、旅客站台等构筑物。

（2）客货共线铁路大型及以上客站站房及附属设备，以及站台雨棚、旅客天桥、旅客地道、旅客站台等构筑物。

（3）调度所、四电房屋、信息房屋及附属设备。

2. 二类房建设备

（1）设计速度（含既有线提速）200 km/h 以下客货共线铁路（大型及以上站房除外）站房及附属设备，以及站台雨棚、旅客天桥、旅客地道、旅客及货物站台、站名牌等构筑物。

（2）站前平台、车站围墙等。

（3）动车检修（检查）库、融冰除雪库等有动车作业的房屋及附属设备。

3. 三类房建设备

除一、二类房建设备以外的其他房建设备。

二、四电房屋、构筑物及附属设备

四电房屋是指通信、信号、电力和电气化设备使用的房屋，包括通信站、直放站、基站、信号楼、信号中继站、行车继电器室、电力变（配）电所、牵引变电所、AT 所、分区所（亭）等。

构筑物是指站台、雨棚、天桥、地道、检票口、站名牌、道路、广场、围墙、栏板、架空走道、闸门井、消火栓井、检查井、雨水井、跌水井、渗水井、污水提升井、化粪池、隔油池、独立烟囱、生活水塔、水池、排污系统、花棚、自行车棚、建筑小品、挡墙等人工建造物。

附属设备是指与房屋、构筑物使用有关的设备，包括给水设备、排水设备、电气照明设备、供暖设备、空调通风设备、电梯设备、消防设备、制氧设备等。

第二节　牵引供电设备房屋接口

牵引供电与房建设备之间的接口关系主要表现在设备安装位置预留并满足电气距离及安全需要。牵引变电所亭房屋的基础、结构均要满足设备安装的需要，站房、雨棚、跨线桥等要充分考虑与接触网设备之间的有效绝缘距离。

一、牵引变电所/亭设备房屋接口

牵引变电所、开闭所、分区所、自耦变压器所等设备房屋、场坪通所道路、设备基础支架、电缆夹层、沟槽管洞等应满足设备运输、安装、运行要求。

1. 设备基础、预埋钢构

高压室的 GIS 开关柜、所用变压器柜等设备预埋槽钢符合要求（见图 8-1），GIS 高压室、控制室的地面承载力应满足每面高压柜荷载要求。

图 8-1　室内槽钢预埋

高压室楼板预留孔洞应与设备底座及电缆连接位置相适应，确保对接无误。

27.5 kV GIS 室应设电缆夹层，净高满足要求，夹层宜设固定式楼梯，有条件时宜设置检修维护通道。

2. 电缆进入室内预留孔洞

所内电缆均通过室外电缆沟引入室内电缆沟，室内外电缆沟在穿墙位置处应预留孔洞，其尺寸不应小于室内电缆沟的尺寸，该孔洞在电缆敷设完毕后应采用防火封堵材料进行封堵，如图 8-2 所示。

当变电所房屋设置有电缆夹层时，电缆经室外电缆沟进入室内电缆夹层，如图 8-3 所示。

图 8-2　室外电缆沟进入室内预留洞口

图 8-3　电缆进入电缆夹层

在牵引变电所亭进行高压电缆敷设时，尽量保证不同方向的馈线电缆经过不同的穿墙孔洞敷设至室外电缆沟。高压电缆在电缆夹层内应尽量避免交叉。

3. 主控室、高压室地面

主控室、高压室、电缆夹层室等处地面符合要求。检修室、盥洗室（含厕所）的地板需采取防渗漏水措施。

室内墙壁和顶棚应处理并防止掉灰。高压室墙上预留风机洞口。

4. 室内端子的预留

屋面、楼面法拉第笼屏蔽网利用结构板内钢筋时，从立柱或横梁引出热镀锌钢板接地端子，其数量及位置应满足要求。屏蔽网从墙体下部引出接地端子，接地端子间距、距结构面高度满足技术标准要求。

5. 室内采光及通风、开门、窗户、空调、净空等要求

GIS 高压室及调压器室净高（梁底至室内地面高度）应满足设备安装要求。

二次设备室、工具室及辅助房屋采用吊顶，吊顶底面距室内地面高度满足要求。

通往高压室、二次设备室的门应采用防火门。

窗设塑钢（或铝合金）双层玻璃窗及纱窗，并有良好的采光，且均应为防盗窗，高压室设采光阻燃窗，高压室、检修室设高窗。

通往二次设备室、高压室的门及通向室外的门各设防鼠板，如图 8-4 所示。

图 8-4　防鼠板安装

电缆夹层事故通风口设置防小动物爬进的钢丝网，并应满足室内清洁卫生的要求。

各所二次设备室均采用机房专用空调，各所空调控制均纳入远动系统。

高压室、电缆夹层设置事故通风装置，电缆夹层事故通风装置进风口应设于夹层底部。

6. 设备房屋预留接地扁钢

主控室、电缆夹层沿墙距地 300 mm 水平安装室内接地母线，用支持卡子固定在墙上，敷设时不应有高低起伏弯曲等现象。室内设备基础预埋件通过扁钢与室内接地母线连接。

接地干线穿墙、接地支线穿楼板时，都应加玻璃钢管保护，其管的两端口应用防火堵料或建筑密封膏封堵严密。

电缆沟支架接地采用扁钢，与接地网分开敷设，如图 8-5 所示。当在牵引变电所/亭时，宜在高压侧与接地网相连。严禁将 27.5 kV 电气化设备的接地线接于电缆支架的地线上。

图 8-5　室内预留接地扁钢

二、接触网设备房屋接口

1. 风雨棚、隧道口防护网

风雨棚、隧道口防护网结构设计时，应考虑距离不足或过小极易造成接触网被异物短接、寒冷地区棚顶冬季融雪对接触网绝缘设备的影响。

2. 跨线桥、高架站房等各种建（构）筑物

跨越电气化铁路的各种建（构）筑物与接触网带电部分最小距离不小于 500 mm。当海拔超过 1 000 m 时，上述数值应按规定相应增加。大风、严寒地区应预留风力、覆冰对绝缘距离影响的安全余量。

3. 雨棚柱、站房柱、站场大跨度钢横梁

当雨棚柱、站房柱与接触网合用时，站场大跨度钢横梁上悬吊接触网吊柱及支撑装置时，应在基础选型、容量、间距布置等方面统筹考虑。

4. 动车所（库）、机务（折返）段房屋

当动车所（库）、机务（折返）段房屋上安装接触网设备时，应考虑其承载能力。

第九章　牵引供电与其他专业的接口

一、牵引供电与暖通专业的接口

我国南北区域温差较大，个别处所风沙等极端恶劣天气较多，牵引供电二次设备采用大量电子元器件，日常运行中散发热量，对运行环境提出了更高要求。

牵引供电与暖通专业的接口主要表现在设备采暖、送排风、生产房屋散热量、室内给排水、夹层内排水、消防和空调方面，根据安装的处所、位置及地理环境，统筹考虑。

二、牵引供电与给排水专业的接口

牵引变电所/亭分布位置较为分散，受地形、地貌等影响，既要考虑正常生产、生活用水需要，又要考虑污水、雨水排放。位于隧道内的所/亭，还应考虑消防用水需要。

三、牵引供电与电网公司的接口

供电专业与电网公司关系密切，既要考虑供用电容量、用电质量、保护装置之间的匹配，又要考虑远程控制、抄表等信息传递。

供电专业向电网公司提供牵引变电所分布、进线相序、牵引变压器容量、年用电量、年平均功率、年最大负荷功率、瞬时最大负荷功率等相关资料，以及整定计算所需外电资料需求等。电网公司根据供电专业的需求，提供相关资料。

四、牵引供电与行车专业的接口

接触网电分相的设置应通过列车过分相能力检算而确定，应避免设在变坡点、大电流和加速区段，宜设置在 6‰及以下坡度的区段。高速铁路列车过分相断电区距最近信号机不宜小于 550 m。采用应答器提供过分相信息时，信号专业应根据电力牵引供电专业提供的分相区位置，设置自动过分相应答器。

牵引供电提供牵引供电方案，接触网专业据此结合线路条件设计分相位置并提交行车专业检算，根据检算结果，供电专业配合接触网专业进一步调整优化分相设置方案。

五、牵引供电与信息专业的接口

牵引供电调度 SCADA 系统与信息专业一并建设，考虑网络安全；统筹考虑 6C 系统与信息系统建设。

第十章　牵引供电系统管理

牵引供电调度是电气化铁路运行管理的重要组成部分，是牵引供电系统运行的指挥中心，它的基本任务是：正确指挥牵引供电系统的安全运行，保证牵引供电设备的检修；正确、迅速、果断地指挥牵引供电设备故障的处理。

牵引供电系统的运行指挥由铁路总公司供电调度、铁路局集团公司供电调度、供电段生产调度分级负责。

铁路总公司供电调度掌握全国电气化铁路牵引供电系统的运行情况，宏观地进行数据统计分析处理，从中找出规律性的问题，提出提高供电可靠性的建议，供决策部门参考，并对各铁路局集团公司的供电调度进行业务指导，其业务受铁路总公司供电部指导。

铁路局供电调度直接指挥所管辖牵引供电系统的运行、检修和事故处理，其业务受机务处领导。

供电段生产调度在业务上受铁路局集团公司调度指挥。

牵引供电调度管理体系如图 10-1 所示。

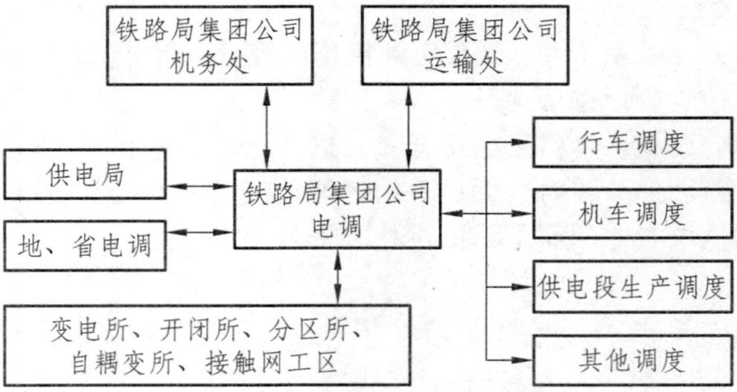

图 10-1　牵引供电调度管理体系

供电调度除自成体系外，还与其他一些部门发生关系，在路内与行车调度、机车调度关系密切，在路外与电力系统调度有联系。因为铁路局集团公司供电调度直接负责牵引供电系统的调度指挥，这些联系主要由铁路局集团公司供电调度这一级进行。牵引供电系统的停电、送电、故障查找等都要与行车调度、机车调度及时联系，以得到他们的配合和积极的支持。必要时，相互间还以书面命令形式联系牵引变电所的电源进线调度权归电力系统，一般企业自备变电所的电源进线由电力系统直接指挥。而电气化铁路牵引变电所不由电力系统直接指挥，属电力系统调度的设备运行操作，以命令形式下达给铁路供电调度，再由铁路供电调度下达给牵引变电所执行，两调度之间签有调度协议，明确相互间的关系，以保证牵引供电系统的统一调度指挥。

附录　案例

1. ××年××月××日，××变电所馈线断路器跳闸，速断保护动作，重合失败。经现场查看，车站靠近风雨棚股道承力索断线，现场发现一根电弧烧焦的树枝，风雨棚顶部上边缘及靠接触网的侧面扣板表面有明显放电烧伤痕迹。故障原因为大风将风雨棚东侧山头上的树枝吹到风雨棚上，在风力连续作用下，树枝搭到风雨棚与承力索之间，造成承力索短路接地并烧断承力索。

2. ××年××月××日，××线××区间接触网跳闸，重合失败。经供电部门巡视检查发现，区间下行承力索断线。经调查分析，造成承力索断线的原因是：施工单位上跨桥金属防抛网安装结构、立柱材质、焊接工艺均不符合设计要求，存在安全隐患，在大风作用下脱落后搭接在接触网承力索上，造成承力索断线并中断供电。

3. ××年××月××日，××线××区间上下行接触网同时跳闸，中断供电。经调查分析，跳闸原因为牵引变电所防鼠措施不到位（变电所高压室穿墙套管有“缝”，电缆盖板有“洞”，电缆沟封堵墙有“孔”），一只老鼠进入变电所高压室，短接母线支持绝缘子，造成接触网停电。

4. ××年××月××日，××线××车站接触网跳闸，重合失败。经巡视检查发现，车站站内××股道位于站房下方的承力索断线。经调查分析断线原因为：作业人员在车站夹层马道敷设光纤开拨光纤头过程中，将光纤中多余的钢芯（1.48 m）剪掉，钢芯从马道缝隙中掉落至下方钢板网上，并从网格处逐步下坠，与下方承力索发生间隙放电，造成承力索断线。

5. ××年××月××日，××站应急值守人员巡视发现××站××支柱平腕臂、斜腕臂棒式绝缘子均有覆冰及冰柱并伴有放电声音，冰柱最长处约 400 mm。支柱上方风雨棚仍在漏水，风雨棚及斜撑上均有覆冰及冰柱，申请停电对供电设备覆冰进行处理。

6. ××年××月××日，××变电所××开关跳闸、重合成功。经巡视检查，××区间××柱导锚角钢搭建鸟巢过程中树枝掉落，短接斜腕臂棒式绝缘子造成跳闸。

7. ××年××月××日，××线××区间××隧道内××悬挂点蛇短接隧道悬挂绝缘子造成跳闸。跳闸后，××站内及所辖区间轨道电路陆续出现轨道电路红光带，区间信号机灭灯，区间熔丝报警。经巡视检查，区间及站内分线盘防雷模块被击穿，信号机械室模块、配线引燃，烧坏分线盘配线、电缆及防雷模块。原因为隧道口电缆贯通地线施工时没有按照标准埋设，电缆贯通地线与接触网下部地线交叉跨越物理隔离措施不到位，造成跳闸电流经贯通地线引入机械室。

8. ××年××月××日，××变电所××馈线跳闸，重合成功。经现场调查，因区间进行声屏障基础开挖施工（基坑深度 6.8 m），基础下部未按工艺施工，下部基础未用混凝土衬砌，因压力作用造成路基下部土质瞬间崩塌，导致接触网支柱倾斜，支撑装置打碰机车受电弓后造成跳闸。

9. ××年××月××日，××线××区间接触网跳闸。经供电部门巡视检查，发现封闭网路堤坡脚下一棵树木在大风作用下倒伏，树干倒在接触网架空地线上，靠近田野侧承力索断线。造成承力索断线的原因是：近期当地普降小到中雨、土质松软，由于树木根系小，加之当时大风天气，致使树干倒在接触网架空地线上，树梢与接触网承力索发生间隙放电，导致接触网跳闸，同时致使承力索电气烧伤断股，在补偿张力作用下造成承力索断线。

参考文献

[1] 中国铁路总公司. 高速铁路电力供电技术[M]. 北京：中国铁道出版社，2017.
[2] 赵丽平. 高速铁路及其四电系统集成[M]. 成都：西南交通大学出版社，2018.
[3] 陈忠革，王雨竹. 电气化铁路维修作业配合[M]. 北京：中国铁道出版社，2015.
[4] 吴积钦. 受电弓与接触网系统[M]. 成都：西南交通大学出版社，2010.
[5] 董昭德. 接触网[M]. 成都：西南交通大学出版社，2014.
[6] TB10621—2014，高速铁路设计规范[S]. 北京：中国铁道出版社，2014.
[7] TB10009—2016，铁路电力牵引供电设计规范[S]. 北京：中国铁道出版社，2016.